A HISTÓRIA POR TRÁS DOS SINTOMAS

Nossas reações são frutos das nossas percepções

CB141490

EDITORA
CHAVE MESTRA®

EDITORA
CHAVE MESTRA®

Av. Marcos Penteado de Ulhoa Rodrigues, 1119 – Tamboré, Alphaville – SP,
Ed. Office Shopping Tamboré – andar 21 – sala Chave Mestra
CEP: 06460-040
@editorachavemestra
editora@editorachavemestra.com.br
Acesse: www.editorachavemestra.com.br

Copyright © 2024 by Editora Chave Mestra

Título original em português:
A história por trás dos sintomas: nossas reações são frutos das nossas percepções

Todos os direitos reservados: proibida a reprodução total ou parcial, por qualquer meio ou processo eletrônico, especialmente por sistemas gráficos. A violação dos direitos do autor é crime, mediante a Lei dos Direitos Autorais n. 9610/1998.
O conteúdo desta obra é de total responsabilidade das autoras e não reflete necessariamente a opinião da editora.

Direção editorial: Raquel Medeiros
Coordenação editorial: Bartira Costa Neves
Assistência Editorial: Eloiza Andrade e Larissa Robbi Ribeiro
Revisão: Luiza Tenuta
Diagramação e projeto gráfico: Daniel Marchesani
***Branding* de capa:** Jônatas Nuno Leite

Dados Internacionais de Catalogação na Publicação (CIP)

Vale, Rogério (Organizador)
V149 A história por trás dos sintomas: nossas reações são frutos das nossas percepções / Rogério Vale (org.) – Barueri, SP: Chave Mestra Editora, 2024. 232 p.: 16 x 23 cm

ISBN 978-65-5496-073-1

1. Saúde. 2. Espiritualidade. 3. Desenvolvimento pessoal.
4. Prosperidade. 5. Mulheres. 6. Superação. 7. Fé. I. Título.

CDD 158.1

A HISTÓRIA POR TRÁS DOS SINTOMAS

Prefácio

Relatos de que é possível fazer, apesar do medo, da culpa, dos obstáculos e dos sintomas físicos e relacionais, é o que o(a) leitor(a) irá encontrar ao longo dos capítulos desta obra. Desvendamos muitos dos nossos sintomas por meio de nossas biografias.

A necessidade de pertencimento, reconhecimento, proteção e valorização faz que fiquemos sempre no mesmo lugar, achando que não há saída e que somos sempre reféns das nossas dificuldades. Essa necessidade é construída por nossos bloqueios, é a cortina de fumaça que nos prende atrás do problema principal e é exatamente como reagimos frente às nossas percepções. Para alargarmos as nossas estacas (Isaias 54:2) e ocuparmos o nosso lugar no mundo, sermos verdadeiramente tudo o que viemos ser para contribuir com o todo é uma missão plenamente possível quando olhamos a história por trás dos nossos agouros. Ninguém entra na vida do outro por acaso, não passamos pelos desafios e provações à toa. Algo deve ser aprendido, percebido e ressignificado com cada acontecimento.

Tenho certeza de que você não será mais o(a) mesmo(a) ao final da leitura dos temas aqui propostos e que conseguirá o apoio de algum(a) autor(a) para sua própria travessia. Só não fique parado(a), estenda suas estacas e amplie as suas possibilidades de crescimento e de desenvolvimento para avançar e ter resultados.

A HISTÓRIA POR TRÁS DOS SINTOMAS

As 5 Leis Biológicas nos permitem realizar o percurso transgeracional inverso a partir de sua origem até o momento atual e fazer as mudanças necessárias, enxergando através de novos filtros. Como capilares que inundam nosso corpo e rios que cortam veredas, esta obra ímpar irá despertar em você o desejo de mudar em pouco tempo o que vem vivendo, e estou absolutamente certa de que irá impactá-lo(la) de uma forma incrível, transformando a sua dificuldade em solução.

O seu sintoma conta a sua história. Não existe coincidência, existe o despertar da consciência! Prepare-se para se redescobrir.

Boa leitura!

Daniéla Soares

Sumário

Daniéla Soares
PREFÁCIO
4

1
Alessandra Martini
ALÉM DAS ESTATÍSTICAS: VENCENDO A PARALISIA FACIAL
8

2
Alexandra Sales
INTERFACE ENTRE LATERALIDADE, PERCEPÇÃO E SINTOMAS
16

3
Ana Paula Castro
IMPACTO EMOCIONAL: UM FATOR INVISÍVEL PARA A DISFUNÇÃO GENÉTICA
24

4
Andrezza Tramujas
A MENSAGEM POR TRÁS DA ENTORSE DE TORNOZELO
32

5
Anna Talhari Queiroz
A FUNÇÃO BIOLÓGICA DO PAI E SUAS AÇÕES PARA O MUNDO
40

6
Blandine Parra
TUDO SE CONECTA
48

7
Camila S. de Castro
A INFLUÊNCIA TRANSGERACIONAL NA FAMÍLIA
56

8
Cátia Negrão
ACREDITE: TODO SINTOMA TEM ALGO A SER REVELADO
64

9
Daniela Mingues
RELAÇÃO ENTRE CORPO, MENTE E PSIQUE NA ORIGEM DOS SINTOMAS
72

10
Daniéla Soares
TRANSFORMAR E TRANSBORDAR: A FORÇA DE SE PERCEBER
80

11
Fernanda Lima Guerra
QUANDO O CORPO CONTA SUAS HISTÓRIAS
88

12
Fernanda Savaris
OS SINTOMAS HERDADOS: DA CONCEPÇÃO PARA A VIDA
96

13
Gabriela Darbra Saback
AS LEIS BIOLÓGICAS COMO FERRAMENTA DE TRANSFORMAÇÃO
104

14
Gabriela Marques Louly
ALÉM DOS RÓTULOS
112

A HISTÓRIA POR TRÁS DOS SINTOMAS

15 Jovília Valentim — CICATRIZES INVISÍVEIS, MARCAS DE UM INÍCIO — 120

16 Lirra Carolina — A DOR TRAZENDO A COMPREENSÃO PARA A RESOLUÇÃO — 128

17 Louise Bresolin — CICLO CELULAR MEMORIZADO E O DESPERTAR DE UMA CURA — 136

18 Luciana Baroni Flora — ENTRE A POTÊNCIA FÍSICA E A IMPOTÊNCIA EMOCIONAL — 144

19 Lucilene Feba — O PONTO CEGO DA PERCEPÇÃO EQUIVOCADA — 152

20 Mariana Sousa — O MEU GRANDE DESAMOR — 160

21 Mayumi Okuda — SUAS DORES E A CONEXÃO COM SEU CLÃ — 168

22 Michele Brito — UM MERGULHO PROFUNDO PARA DENTRO DE SI — 176

23 Mylena Beuttenmuller — MANIFESTANDO SUA IDENTIDADE ATRAVÉS DO SEU NOME — 184

24 Paulo Fonseca — FIBROMIALGIA: A DOR DE NÃO CONSEGUIR AGIR — 192

25 Silvania Fêrreria — O DIAGNÓSTICO NÃO PRECISA SER UMA SENTENÇA ETERNA — 200

26 Thaíse Miranda — A TÃO FALADA PROCRASTINAÇÃO PELO OLHAR DAS 5 LEIS BIOLÓGICAS — 208

27 Viviane Amaral — DOS SINTOMAS AO AUTOCONHECIMENTO: UMA NOVA VERSÃO DE MIM — 216

28 Viviane Silva — O CÂNCER COMO OPORTUNIDADE DE CURA — 224

Alessandra Martini

Sou destra, escorpiana, filha do Idair e da Lélida, irmã do Guilherme. Resido em Caxias do Sul/RS, minha cidade natal.

Fisioterapeuta de formação e terapeuta integrativa por missão, tive que perder o meu sorriso para começar a viver por inteiro. Minha história me ensinou que a verdadeira cura acontece quando vivemos a nossa essência conectados ao divino que habita em nós.

O autoconhecimento, a microfisioterapia e a Medicina Germânica são as sabedorias que guiam meus atendimentos, sempre entrelaçadas pelos valores da empatia, do amor e do respeito. Como missão, sou instrumento de despertar e de libertação das pessoas que desejam aliviar suas dores e resgatar sua verdadeira identidade para viver quem realmente nasceram para ser.

alemartinni

linktr.ee/alessandramartini

fisioalemartini@gmail.com

1 ALÉM DAS ESTATÍSTICAS: VENCENDO A PARALISIA FACIAL

Por Alessandra Martini

Eu me lembro bem do dia em que minha vida mudou. Era quase Ano Novo, férias da faculdade de Fisioterapia, 19 anos recém feitos. Acordei pela manhã e senti meu rosto estranho. Diante do espelho, tentei sorrir, piscar, fazer mímicas, mas nenhum movimento acontecia no lado esquerdo; estava imóvel, como se tivesse desligado. Meu mundo caiu, da noite para o dia eu havia perdido minha expressividade e meu sorriso. O espelho, impiedoso, refletia uma paralisia facial total na hemiface esquerda.

Foi o início de uma longa jornada de consultas e tratamentos. Dias antes, eu havia passado por um combo de sintomas: herpes labial com inchaço, gengivite e amigdalite. A explicação da medicina era clara: "O vírus do herpes entrou pela gengiva e atingiu o nervo facial. A paralisia facial por causa viral é severa, com baixas chances de melhora. Com sorte, você pode ter uma recuperação parcial. Apenas 5% das pessoas com esse diagnóstico têm alguma melhora. Quanto mais tempo os músculos demorarem para responder, pior é o prognóstico, e os sinais de recuperação acontecem somente até dois anos".

Essas palavras soaram frias como uma sentença.

Apesar do cenário, algo dentro de mim resistia em acreditar e aceitar esse destino. Algo me dizia que havia mais. O tempo foi passando sem nenhuma melhora acontecer, mesmo seguindo todas as orientações. Cada dia parecia consolidar o prognóstico sombrio. O desespero foi surgindo, associado a um estado depressivo que eu nem percebia, mas minha família não deixou que eu desanimasse.

Após três meses, quando vi meu lábio tremular novamente, era como se uma chama se acendesse dentro de mim. Não era apenas um músculo voltando à vida, era a confirmação daquilo que eu intuía desde o início. Cada pequeno progresso me dava a certeza de que eu estava no caminho certo. Para mim, era como um milagre.

Não foi uma recuperação linear; havia dias em que os movimentos pareciam estacionados, momentos de frustração e dúvidas, mas eu já não me via como vítima enfrentando um diagnóstico imutável. Eu estava abraçando meu processo de cura. Eu era uma participante ativa nele e isso mudava tudo.

Dois anos se passaram e eu atingi uma recuperação parcial, superando as expectativas das estatísticas; porém, conforme haviam dito, tive estagnação nos progressos.

Eu me formei fisioterapeuta e na prática clínica pude observar algo semelhante ao que vivi; os mesmos diagnósticos, mas com respostas diferentes entre uma pessoa e outra. Eis que surgiu um questionamento: por que as pessoas reagem de formar diferentes mesmo passando por diagnósticos iguais?

Resistir aos dados estatísticos não era apenas uma questão de teimosia ou negação, era um instinto profundo de que faltavam peças para completar esse quebra-cabeça. Foi nesse estado de inquietação que comecei a procurar respostas além do que os tratamentos convencionais ofereciam. Conheci diversas terapias integrativas, com as quais aprendi que não era uma busca apenas por cura física, mas por sentido.

Foi na formação em Microfisioterapia que ouvi pela primeira vez sobre a Medicina Germânica (MG). Rápida e instintivamente, tive a sensação de que havia encontrado o que tanto procurava. Somente três anos depois, iniciei a formação. Prontamente, a teoria se apresentava muito coerente e biológica, mesmo trazendo uma proposta ousada: a ideia de que as doenças não são erros do corpo, mas respostas biológicas frente a conflitos emocionais e psíquicos profundos. A partir desse momento, descobri a MG como um caminho mais alinhado com a minha intuição. Quanto mais eu me aprofundava nesses conhecimentos, mais as peças se encaixavam, me despertando algo novo: esperança.

Cada sinal e sintoma físico tem uma raiz emocional clara e, mais importante, elas se conectam entre si. Meu corpo não estava dissociado ou doente, ele estava me mostrando que havia percepções inconscientes da minha história que precisavam de atenção. Por meio de mecanismos biológicos de sobrevivência, o corpo trabalha para manter a vida, mesmo que isso traga desconfortos; ou seja, doenças não acontecem por azar ou destino.

Compreender a linguagem do corpo foi um divisor de águas na minha vida pessoal e profissional. Pela primeira vez, eu conseguia enxergar um sentido profundo e coerente nas manifestações físicas que tanto me assustaram. Não era mais uma questão de vencer a paralisia, mas de ouvir o que meu corpo tentava me dizer.

A compreensão dos conflitos não aconteceu de uma só vez, foi (e continua sendo) um processo que me levou a encarar sombras, emoções mais profundas e padrões que eu havia carregado por muito tempo e não fazia ideia. Ao trazer luz para esses pontos cegos, comecei a me conhecer e me libertar. Com cada nova percepção, meu corpo respondia positivamente; mesmo passados mais de dez anos da lesão inicial, eu sentia minha expressão sendo resgatada.

Com o tempo, aprendi que não basta só compreender os conflitos, é preciso reconhecer a sensação envolvida para criar uma nova percepção e integrá-la. O corpo, então, começa a reescrever a bioquímica interna, promovendo uma autorregulação dos tecidos corporais, retomando suas verdadeiras funções, não só físicas, mas também psíquicas e emocionais. Assim, conseguimos nos reposicionar e viver a vida com mais percepção, responsabilidade e vigor.

O corpo é biologicamente perfeito. Dr. Ryke G. Hamer, oncologista alemão, após perder um filho por bala perdida, desenvolveu câncer nos testículos e prontamente percebeu que não era uma coincidência, era uma manifestação física após um choque traumático. Como médico, posicionou-se de modo diferente e sistematizou a MG, evidenciando a tríade psique-cérebro-órgão. Comprovou que, quando um órgão está doente, existe uma região cerebral correspondente impactada e esta dinâmica acontece devido um programa biológico coordenado pela mente inconsciente.

A palavra “biológico” deriva de “biologia”, que tem origem grega: *bio* = “vida” e *logos* = “estudo”. Significa “estudo da vida”, mais precisamente, "lógica da vida". Os conflitos inconscientes governam nossa biologia; esse é um dos aprendizados mais valiosos da MG. Nós enxergamos a realidade conforme a lente que o inconsciente utilizou para perceber o que foi vivido. Esse é um processo individual, justificando o fato de as pessoas passarem pelo mesmo choque ou trauma e terem percepções e comportamentos diferentes.

Você já se deu conta de que, ao acessarmos uma nova informação, não é mais possível desacessá-la? Ao conhecer a abordagem da MG, que visa a encontrar a raiz dos sintomas, torna-se difícil considerar apenas o diagnóstico clínico. Percebemos que ele é vago, engessado e desconsidera uma variável importantíssima: a individualidade biológica. Se nossas digitais são únicas, por que o restante do nosso corpo não seria? Essa variável justifica as diferentes respostas frente aos mesmos diagnósticos. Por esse motivo, existem pessoas que fogem das estatísticas, assim como eu. Minha verdadeira cura começou quando percebi que não bastava só tratar os sintomas, era preciso revelar a história por trás deles.

Acredito que estamos nesta vida para evoluir e viver a nossa verdadeira essência. As doenças são oportunidades para isso acontecer. Os sintomas atuam como um farol que ilumina o caminho, guiando-nos de volta à essência. Hoje, olhando para o processo pelo qual passei, vejo que cada sintoma foi um convite para enxergar o que eu nem sabia que não enxergava: minha conexão, ou melhor, desconexão comigo mesma, e como eu me posicionava na vida e nas relações.

Entre os meios utilizados na MG para identificar os conflitos que estão inscritos no inconsciente, duas perguntas são relevantes: qual a vantagem de estar nessa condição? Qual o perigo de sair dessa condição?

As soluções biológicas que o corpo encontra para sobreviver racionalmente não parecem fazer sentido, por isso a importância de ser conduzido por um profissional que vai ajudá-lo a enxergar os seus pontos cegos, para você deixar de ser refém dos seus sintomas.

Foi exatamente isso que aconteceu comigo. Analisando a minha história através da perspectiva das leis biológicas, percebi que a vida me colocava repetidamente em temáticas parecidas, muitas vezes dolorosas. Eram alertas para eu parar de buscar do lado de fora a cura que eu só encontraria dentro de mim. Deixei chegar tão longe, que precisei perder o sorriso e expressividade para me dar conta do quão desconectada de mim eu estava – literalmente anulando minha identidade. Afinal, qual a vantagem de não ter expressões faciais? Ou qual o perigo de tê-las?

Através da leitura dos sintomas, tive a oportunidade de ressignificar percepções inconscientes de perigo que iniciaram ainda na fase de bebê, mais precisamente na amamentação. A amigdalite revelou os medos de não ser capaz de me expressar, ser impedida de pegar algo, conectando-se ao conflito oral por trás da gengivite e mostrando raivas reprimidas por não ser capaz de levar algo para a boca (peito materno). A herpes labial sinalizou conflitos de separação, exprimindo um desejo de proximidade. O inchaço na região labial refletiu conflitos de abandono e desabamento da existência. Por fim, a paralisia facial evidenciou conflitos de desvalorização em relação à própria identidade, de me sentir presa, bloqueada em alguma situação em que foi preciso dar a cara à tapa, bem como o fato de me sentir exposta, julgada.

Ironicamente, tive que perder o sorriso para voltar a viver por inteiro. Através desse vazio de movimento, compreendi que não era apenas o meu rosto que estava paralisado, era a minha voz interna, a minha identidade, a minha essência. Diante de tantas ressignificações, hoje ocupo o meu verdadeiro lugar e isso me permite viver quem eu nasci para ser.

Somos seres únicos. A verdadeira cura acontece quando você não se deixa limitar. O diagnóstico não define quem você é ou o quanto você pode alcançar. A MG me ensinou que a cura não é definida por estatísticas. No meu caso, o diagnóstico dizia que eu tinha poucas chances de melhora, mas ele não conhecia minha história, minha determinação, nem a sabedoria do meu corpo. Você também pode ser a sua própria cura e se tornar a pessoa que supera as estatísticas. Confie!

"A verdadeira cura acontece quando você não se deixa limitar. O diagnóstico não define quem você é ou o quanto pode alcançar."

Alessandra Martini

Alexandra Salles

Sou Alexandra, filha, mãe, esposa, fonoaudióloga, terapeuta integrativa e apaixonada por gente.

Trabalho há 27 anos com reabilitação auditiva e já atuei na área hospitalar. Sempre quis entender a raiz mais profunda das doenças e dos sintomas dos meus pacientes. Acredito na tríade mente-corpo-espírito e que, para ter sucesso, não podemos tratar somente um desses aspectos.

Em 2018, por motivos de saúde, comecei a buscar alternativas de tratamento fora da medicina alopática e descobri um universo vasto e surpreendente.

Encantada e transformada pelas 5 Leis Biológicas, minha missão é ajudar a ressignificar a percepção das pessoas por meio do entendimento da origem dos seus sintomas, para que, a partir disso, possam ocupar o seu real lugar na vida.

alexandrasalles.terapeutalb

+55 (45) 99912-4252

A HISTÓRIA POR TRÁS DOS SINTOMAS

2 INTERFACE ENTRE LATERALIDADE, PERCEPÇÃO E SINTOMAS

Por Alexandra Salles

Desde muito cedo, o "tenho que" faz parte do meu repertório diário. Eu precisava ser forte, proativa e, por ser a primogênita, dar exemplo e ajudar meus irmãos. Sempre me senti cheia de responsabilidades e com um medo enorme de errar e decepcionar aqueles que amo. Aparentemente, eu sempre dava conta, mas, no meu cérebro de menina destra, tudo o que eu queria era receber o meu lugar.

Minha mãe vivia para cuidar de nós e da casa, enquanto meu pai trabalhava muito e, mesmo com a saúde frágil, não media esforços para prover o que precisássemos. Não havia brigas e não faltava nada. Ainda assim, toda vez que alguém me convida para revisitar minha infância, vejo uma menina sorrindo de canto de boca, com cabelos muito arrumados em dois coques, vestindo um macacão azul e sandálias brancas. Foi quando minha irmã nasceu. Essa foi a primeira vez que me senti deprimida.

Pouco tempo antes, meus pais haviam enfrentado a dor de perder um filho durante o parto. Por isso, quando minha mãe foi para o hospital para o nascimento da minha irmã, fiquei com muito medo de que tudo acontecesse novamente. Também pensava que meus pais não me levariam mais para casa, o que demonstra que, mesmo antes disso, eu já sentia que não tinha um lugar.

As raízes disso estão na minha história transgeracional e no período pré-natal, já que cheguei quando meus pais ainda eram muito jovens.

Por muito tempo, inconscientemente, senti raiva por ter perdido, na minha percepção, a atenção da minha mãe e acabei buscando a aprovação irrestrita do meu pai. Para pertencer, fazia de tudo para ser a melhor. Estudava muito e não me permitia errar ou ir mal na escola. Passei a maior parte do tempo tentando me adaptar. Havia sempre um reforço do meio quando me colocava como forte, batalhadora e focada em resolver problemas (meus e dos outros). Trabalhava bastante e para mim era um troféu ser elogiada pelo meu jeito atencioso e resolutivo. Além disso, dizer "não" para as outras pessoas era um sofrimento.

Foram muitos processos ao longo dos anos, na tentativa de vencer as crises depressivas. Em 2018, cheguei ao ponto de querer desistir, mas acredito que fui muito amparada, espiritualmente falando, e resolvi buscar ajuda. Passei por psicoterapia, médicos, acupuntura, constelação familiar sistêmica, tratamento com magnetismo e grupos de estudo sobre espiritualidade.

Certamente, obtive muita ajuda e uma considerável melhora, mas nada foi tão profundo e disruptivo quanto conhecer e estudar as 5 Leis Biológicas. Entendi que estava revivendo um enorme conflito de território e uma consequente crise de identidade, além de estar totalmente fora da minha energia de base.

Por que estou contando tudo isso? Para que você possa entender a importância da lateralidade de base, conforme nos é apresentado pelo Dr. Ryke Geerd Hamer, médico, cientista e teólogo alemão, criador das 5 Leis Biológicas, também conhecidas como Nova Medicina Germânica.

Dentro dessa perspectiva, a doença é vista como um programa biológico especial, destinado a garantir nossa sobrevivência, ativado quando passamos por situações vivenciadas com medo, impotência e solidão. Esse evento terá impacto direto na fisiologia, agindo simultaneamente no cérebro, na psique e nos órgãos.

A maneira como nossa fisiologia será impactada está diretamente ligada às nossas percepções, ou seja, à forma como vemos e entendemos o mundo ao nosso redor. É importante lembrar que nossa percepção muda de acordo com nossas vivências, história e crenças. Por isso, um mesmo evento pode produzir sintomas e doenças diferentes em cada pessoa.

A percepção também sofre influência direta da lateralidade de base. Por isso, entendê-la e levá-la em consideração é essencial para determinar qual hemisfério cerebral foi impactado pelo conflito e qual lado do corpo foi afetado. Nossa lateralidade de base é definida no momento da primeira divisão celular, após a concepção, e pode ser verificada por meio do teste do aplauso, que consiste em pedir que a pessoa aplauda como se estivesse no teatro. A mão que estiver por cima determina a lateralidade. Isso não tem relação com a mão que usamos para escrever.

Em seu livro *Destros - canhotos: uma lateralidade desconhecida*, Josie Kromer (2019) afirma que a natureza funciona segundo as mesmas leis que regem o universo, em dualidade, e que o nosso corpo não está fora dessa organização. Por isso, temos hormônios masculinizantes e feminilizantes, ativadores ou inibidores, um sistema simpático e outro parassimpático, entre outros exemplos.

Na natureza, para sobreviver, os animais precisam adquirir um território. Aqueles que conquistam seu território por dissuasão ou agressão serão os dominantes. Esse território é chamado de masculino (hemicórtex direito). Os outros entram em submissão e auxiliam a caça para alimentar o grupo e proteger o ninho. Nesse território, onde se nasce, é fornecido o alimento e o descanso; ele é considerado feminino (hemicórtex esquerdo). A associação desses dois territórios assegura a sobrevivência do clã.

Seguindo esse princípio, Dr. Hamer explica que, do ponto de vista hormonal, a função masculina do hemicórtex direito é a gestão da testosterona, enquanto a função feminina do hemicórtex esquerdo é a gestão do estrogênio. Esses hormônios sexuais regem as respostas comportamentais, especialmente em situações de hiperestresse que exigem adaptação para garantir nossa sobrevivência.

A lateralidade de base nunca muda, mas é normal que haja variações de comportamento de acordo com o meio em que vivemos. Em algumas situações, podemos funcionar em PAT hormonal, uma condição de bloqueio funcional biologicamente administrada pelo cérebro que provoca um desequilíbrio hormonal. Esse mecanismo altera nossa percepção em situações de perigo, quando não conseguimos expressar nossa energia de base. Esse bloqueio afeta as áreas de território masculino e feminino no córtex, com o objetivo de atenuar patologias em nível orgânico. Assim, destros podem passar a funcionar como canhotos e vice-versa.

É interessante lembrar que os canhotos já nascem em PAT fisiológico e que mulheres na menopausa também se encaixam nessa categoria. Além disso, pode haver PAT patológico após o uso de certos medicamentos.

Durante o meu processo, muitas vezes questionei qual seria a real causa dos meus sintomas. Foi libertador entender a minha história e o impacto das escolhas que fiz, sendo destra, mas me comportando como canhota na maior parte do tempo. Esse conhecimento me tirou do congelamento e do círculo vicioso em que eu colocava nos outros a explicação para todas as situações que me afetavam. Aprendi algo muito precioso: é sempre sobre nós mesmos.

Mas como funcionam destros e canhotos?

As mulheres destras e os homens canhotos funcionam preferencialmente no hemicórtex esquerdo, com energia feminina (voltada para dentro, caracterizada por contração, esquiva e sedução).

Mulheres destras precisam receber seu lugar, são voltadas para o ninho, sedutoras, ligadas à beleza, interessadas nos detalhes e nas relações. Tendem a ajudar, aparentam fragilidade, têm atração por machos protetores e dominantes, além de necessidade de admiração e aceitação. Também apresentam tendência a conciliação e submissão. Em PAT, funcionam no hemicórtex direito, apresentando explosões verbais devastadoras, confiança, disposição para a luta e a conquista, e persistem até o fim quando acreditam estar certas.

Homens canhotos são esquivos, sensíveis, tímidos e sedutores; são ligados à mãe e ao ninho e aparentemente doces. Adaptam-se às situações, valorizam o visual e gostam de se vestir bem. São frequentemente escolhidos pelas parceiras, têm dificuldade para tomar decisões e buscam constantemente seu lugar. Podem necessitar de conforto e motivação frequentes. Em PAT, funcionam no hemicórtex direito, expressam mais virilidade, contestam autoridade, têm momentos de autoafirmação e territorialidade, buscam dominar a si mesmos e agem como “supermachos”.

As mulheres canhotas e os homens destros funcionam preferencialmente no hemicórtex direito, com energia masculina (voltada para fora, caracterizada por expansão, agressividade e performance).

Mulheres canhotas têm necessidade de realização profissional e sucesso. São conquistadoras, seguras e confiantes, sempre estão com a razão; são dissuasivas, têm olhar desafiador e postura firme. Escolhem seus parceiros, que devem responder rapidamente aos seus convites, e tomam suas próprias decisões. Em PAT, funcionam no hemicórtex esquerdo, tornam-se esquivas, multitarefas, permanecem mais em casa, ficam mais femininas e enfeitadas.

Homens destros são instintivamente conquistadores, caçadores, territoriais, controladores e tendem à monotarefa. Têm olhar direto e desafiador, demonstram desempenho hiperativo (intelectual e/ou físico) e valorizam parceiras femininas alfa, desde que não ofusquem seu protagonismo. Em PAT, tornam-se menos territoriais, mais conciliadores e tolerantes, priorizando a família.

No corpo dos destros, o lado esquerdo está relacionado ao ninho menor (mãe e filhos), enquanto o lado direito se refere ao ninho maior (demais relações). Nos canhotos, ocorre o contrário.

Um dado interessante é que nascemos destros ou canhotos não apenas para viver nossas próprias experiências, mas também para atender às necessidades do nosso clã. Essa descoberta foi um estímulo para conhecer a história da minha ancestralidade e entender profundamente que cada um de nós está aqui com uma missão única e intransferível.

E você, já fez o teste do aplauso para saber se é destro(a) ou canhoto(a)? Conseguiu identificar se está em PAT ou em que situações isso acontece? Está assumindo sua real identidade e ocupando seu lugar, ou está se adaptando o tempo todo por medo de não pertencer?

Fica aqui o convite para buscar apoio terapêutico e explorar a sua história de vida. Se desejar, entre em contato. Será uma alegria fazer parte da sua caminhada.

Referências bibliográficas

KROMER, J. *Destros - canhotos: uma lateralidade desconhecida*. São Paulo: Andreoli, 2019.

LIVRAMENTO, R. Curso "Noções da existência". *MemberKit*, 2024.

"A cura começa quando entendemos que somos o resultado das nossas percepções e da nossa história. Conhecer-nos também é remédio."

Alexandra Salles

Ana Paula Castro

Natural de Uberlândia/MG e residente em Goiânia/GO, eu me destaquei por ser fisioterapeuta neurofuncional e membro de diversas instituições de referência, como Rede Sarah Brasília, HC-UFG e Rede Municipal de Saúde de Goiânia.

Muitas vezes, ao tocar meus pacientes, observava uma recuperação extraordinária; outras vezes, uma mudança comportamental; mas sempre acontecia uma mudança na percepção de vida e na esperança em si. Buscando uma maior compreensão sobre esse fenômeno, eu me aprofundei nos estudos e nos atendimentos em microfisioterapia e Medicina Germânica, métodos esses que transformam vidas e que me trazem todo o significado da conexão corpo-mente-espírito.

fisioanapaulacastro

+55 (62) 99689-6072

microfisioterapia-go.com.br

3 IMPACTO EMOCIONAL: UM FATOR INVISÍVEL PARA A DISFUNÇÃO GENÉTICA

Por Ana Paula Castro

Era a época da pandemia de covid-19, mais precisamente dezembro de 2020. Após um período de grande isolamento social, o governo federal havia liberado a abertura e o funcionamento de estabelecimentos e hotéis, mesmo que com algumas ressalvas. Estávamos ainda inseguros com o que poderia nos acontecer, pois as mortes ainda estavam em alta e a redução do contato físico ainda era preconizada. Não tínhamos o costume de fazer viagens em família e, por incrível que pareça, conseguimos fechar um pacote para quatorze pessoas durante cinco dias em um *resort* em Minas Gerais, para as comemorações de Natal. Foi a realização de um sonho para a família em geral e, principalmente, para nossa matriarca, que sempre prezou a união familiar.

Alguns dias após nosso retorno para casa, recebemos uma notícia que não esperávamos. Minha mãe, aos 72 anos, sem nenhuma doença pregressa e que mantinha um estilo de vida saudável, estava com carcinoma intraductal *in situ* em sua mama esquerda. Coincidentemente, dois anos após o diagnóstico de minha mãe, veio meu diagnóstico e, pasmem: carcinoma intraductal *in situ* em minha mama esquerda. Esse termo é usado para definir a presença de células cancerígenas dentro do ducto mamário. Eu, aos 46 anos, também sem doença pregressa e mantendo um estilo de vida saudável, com um diagnóstico de pré-câncer. Como eu e minha mãe somos muito semelhantes fisicamente, começaram a aparecer alguns questionamentos sobre a possibilidade desse carcinoma ter surgido em minha mama devido a uma predisposição genética hereditária.

O gene é a unidade fundamental da hereditariedade, está inserido nos cromossomos e é composto por uma sequência específica de DNA que contém um código (instruções) para produzir as proteínas que desempenham uma função específica no corpo. Todas as células do nosso corpo (exceto óvulos e espermatozoides) contêm os mesmos genes; porém, a célula usa seus genes seletivamente, tornando-a especializada, como um tecido muscular, por exemplo.

Perante a possibilidade de as células alteradas em minha mama serem de origem hereditária, eu me submeti ao teste genético para predisposição hereditária ao câncer, mas não foram identificadas variantes patogênicas ou provavelmente patogênicas nos genes analisados. Esse resultado negativo me direcionou ao estudo da epigenética, no qual a influência ambiental afeta a expressão dos genes sem que o próprio código de DNA seja alterado. Existiria, então, a possibilidade de fatores ambientais estarem contribuindo para a ativação ou a desativação dos meus genes, alterando o funcionamento das minhas células, modificando seu padrão de atividade e gerando em mim uma disfunção orgânica.

Para que você possa compreender a influência que minhas células sofreram, irei descrever a seguir o meu estado psíquico-emocional e o cenário de minha vida pessoal no ano de 2020.

Como uma típica canceriana, posso dizer que sou sonhadora, sentimental, impulsiva e sem limites para a imaginação, mas a minha característica mais marcante sempre foi a preocupação excessiva com meu lar e com o bem-estar de minhas filhas. Naquele ano, eu já estava separada de meu ex-marido havia três anos, porém mantendo uma relação próxima com idas e vindas. Eu prezava muito pelo casamento e, embora o relacionamento do casal apresentasse dificuldades, eu não medi esforços para mantê-lo. A conexão marido e mulher possibilitaria estabilidade afetiva para minhas filhas e asseguraria minha própria dependência emocional. Nós nos reaproximamos mais uma vez, porém com um novo formato de relacionamento. Passamos a morar em edifícios vizinhos, com a possibilidade de posteriormente ficarmos juntos definitivamente.

As coisas não caminharam como eu imaginava... Durante essa nova tentativa, fui observando uma certa indiferença por parte dele, a qual me deixava extremamente insegura e com sensação de não pertencimento. Ao perceber que eu poderia me ferir ainda mais, coloquei um fim no relacionamento e ele prontamente aceitou. Após três semanas do término, recebi a notícia das minhas filhas que o pai iria se casar, que teriam um irmão e que continuariam morando no edifício bem em frente ao meu. Essa notícia me pegou despreparada e a partir dali muitos sentimentos surgiram.

Dr. Hamer, médico e cientista alemão, desenvolvedor de toda ciência da Medicina Germânica, comprovou a existência de uma relação entre o surgimento de doenças e um choque de caráter inesperado, dramático e vivido em solidão, no qual a pessoa foi pega totalmente desprevenida e que a tocou profundamente.

Durante os dois anos seguintes, vivi sob um intenso e diário receio de me deparar com meu ex-marido e sua nova esposa. Eu me senti espectadora da felicidade da nova família que, naquele momento, não era mais minha. Nessa época, embora eu tivesse algum conhecimento sobre saúde integrativa, ainda não conseguia associar que minha percepção sobre uma situação poderia influenciar a funcionalidade de meu organismo. Prossegui buscando conhecimento e evolução, dando continuidade à minha vida profissional e relacional de forma adequada, porém com alguma instabilidade emocional esporádica. Em 2022, durante os exames ginecológicos de rotina, observou-se a presença de células alteradas em minha mama esquerda e, então, um novo movimento de vida se iniciou para mim.

A composição do corpo humano carrega uma memória evolutiva desenvolvida por ameaças ou necessidades próprias e a Medicina Germânica Heilkunde mostra como nosso organismo reage frente a essas diversas ameaças, propondo um sentido biológico de funcionamento para resolução dos conflitos. A DHS (Síndrome de Dirk Hamer) é o primeiro evento significativo que desencadeia o SBS (programa especial biológico). Esse evento, como disse anteriormente, é de caráter inesperado e a partir dele se inicia uma reação automática e natural do corpo (doenças) para garantir que o indivíduo sobreviva. O conflito biológico é o momento exato que desencadeia essa energia no corpo e que impacta simultaneamente os três níveis do nosso organismo – psique, cérebro e órgão –, sendo que o conteúdo desse conflito irá determinar qual parte do cérebro e qual órgão será afetado.

Na minha história pessoal, posso definir que o evento vivenciado (HDS) foi a notícia inesperada de um casamento; o conflito biológico foi um conflito de separação (medo de perder minha família); o programa especial biológico foi o processo pelo qual meu corpo passou para sobreviver diante da ameaça e que levou ao surgimento do carcinoma intraductal em mama.

Você, neste momento, deve estar se perguntando: por que esse conflito biológico levou especificamente a uma alteração das células de meus ductos mamários? Sabemos que para cada tecido e cada órgão existe uma função e, perante uma ameaça, o corpo irá aumentar sua funcionalidade, potencializando o seu papel para ajudá-lo a sobreviver. Sendo assim, o sentido biológico encontrado pelo meu corpo foi proporcionar maior vínculo e "nutrição" em todos os sentidos para minhas filhas. Como o órgão responsável pela condução do leite até a parte externa do seio são os ductos, seria então necessário potencializar sua função. Inicialmente, surgiram "ulcerações" no interior desses ductos, alargando-os, e, posteriormente, numa fase após conflito, a proliferação de células em seu interior.

Alguns programas especiais da natureza (doenças) apresentam seus sinais e sintomas em uma fase ativa e outros em uma fase pós-solução de conflito, como foi meu caso. Portanto, é muito importante a identificação do conflito e sua resolução para que o organismo encerre naturalmente o processo biológico em que ele se encontra. Interligue o evento inesperado, a forma como você se sentiu perante ele e o que o sintoma está mostrando, para que você possa ofertar a seu corpo aquilo de que ele necessita, seja em forma de mudança de comportamento, atitude, ou ressignificando as situações vivenciadas.

Para que você compreenda como uma informação impactante poderá alterar a atividade celular, imagine que cada célula do corpo é salpicada por milhares de minúsculas estruturas chamadas receptores, que captam sinais vindos do espaço ao redor. Eles se agitam e trepidam, mudando de uma configuração para outra, criando uma atração com os ligands, que são os hormônios, neurotransmissores e peptídeos que contêm a informação. Como uma chave e uma fechadura, eles destravam a porta e permitem a ativação das atividades celulares. Isso pode ocorrer em diversas células, permitindo a comunicação entre diversos órgãos, inclusive corpo-mente.

A vibração atrativa seria a emoção e a conexão real, o ressoar peptídeo/receptor. Mais de duzentos peptídeos foram mapeados e, quando seu sinal é recebido pela célula, ressoam em um acorde emocional complexo como contentamento, fome, raiva, relaxamento, saciedade etc. Podemos presumir que a emoção poderá surgir nas células da mente e chegar a diversas células corporais, mas também que poderá surgir nas próprias células corporais e chegar até a mente, onde se configuram os sentimentos.

Tudo aquilo que você pensa é disparado nas redes de células cerebrais e quanto maior a frequência do disparo, mais fortes se tornam as conexões sinápticas e a fixação no nível celular. A palavra falada, assim como a música, pode fazer vibrar os canais receptores e, portanto, são capazes de regular a frequência do disparo nessa rede. A comunicação verbal, incluindo a introdução de frases afirmativas, mostra-nos seu poder de modulação e prevenção de disfunções celulares, tornando-se uma grande aliada em um processo de cura.

Referências bibliográficas

BERNARDI, M. Guia Definitivo da Medicina Germânica Heilkunde. [s.l.]: [s.n.], 2021. Disponível em: https://blog.marinabernardi.com.br/guia-definitivo-germanica-heilkunde/. Acesso em: 10 dez. 2024.

COMO surge o câncer. *Gov.br*, 2022. Disponível em: https://www.gov.br/saude/pt-br/assuntos/saude-brasil/prevencao-ao-cancer/como-surge-o-cancer#:~:text=Ainda%20de%20acordo%20com%20o,origem%20a%20um%20tumor%20vis%C3%ADvel. Acesso em: 7 dez. 2024.

PERT, C. *Conexão mente corpo espírito para seu bem-estar*. São Paulo: Barany, 2009.

RACHID, I. Entenda o que é epigenética e sua influência na saúde. *Grupo Longevidade Saudável*, 2022. Disponível em: https://dritalorachid.com.br/o-que-e-a-epigenetica/. Acesso em: 7 dez. 2024.

"Nossas células sempre responderão às nossas necessidades emocionais, proporcionando exatamente aquilo de que precisamos para sobreviver."

Ana Paula Castro

Andrezza Tramujas

Sou Andrezza Tramujas, de Curitiba/PR. Minha trajetória profissional começou na fisioterapia, mas segui buscando novos caminhos. Após quatro anos, acrescentei ao meu currículo uma formação em Educação Física e especializações em abordagens holísticas, como microfisioterapia, as Leis Biológicas, homeopatia e fisioterapia integrativa, entre outras.

Minha carreira foi moldada também pelas experiências pessoais que vivi desde a infância. Problemas de saúde, como epilepsia, o uso prolongado de medicamentos e a depressão me levaram a buscar formas de tratamento mais naturais e integrativas, que me ensinaram como cuidar melhor de mim e dos meus pacientes. Hoje, dedico minha prática clínica a promover a cura de forma natural, de dentro para fora, considerando o ser humano em sua totalidade física, emocional, comportamental e energética.

andrezzatramujas

fisioterapiaintegrativaesaude.com

andrezza.fisioterapia@outlook.com

+ 55 (41) 99797-3954

4 A MENSAGEM POR TRÁS DA ENTORSE DE TORNOZELO

Por Andrezza Tramujas

Antes de conhecer as Leis Biológicas, passei por uma ruptura ligamentar no tornozelo esquerdo após uma entorse, uma lesão que, na época, parecia apenas física. Essa lesão, vista à luz desse conhecimento, revelou um conflito de direção diante dos acontecimentos que eu estava vivendo em isolamento, de acordo com a minha percepção, e que me impactaram de forma dramática. Somente mais tarde, ao estudar as Leis Biológicas, compreendi o significado emocional por trás desse trauma. Compreendi que aquela lesão carregava um significado emocional e simbólico muito mais profundo do que os conhecimentos que eu tinha naquela época como fisioterapeuta.

Convido você, leitor, a acompanhar essa história e descobrir como os sintomas do corpo, muitas vezes, vão além do que os olhos podem ver. Essa jornada revela como, ao entender a linguagem do corpo e os seus sintomas através das Leis Biológicas, podemos encontrar novas maneiras de nos curar e transformar. A minha formação nas Leis Biológicas me proporcionou um entendimento e uma nova forma de me posicionar diante dos desafios que vivencio na minha vida, levando à minha cura tanto física quanto emocional e comportamental e que hoje se tornou um estilo de vida.

A ruptura ligamentar de tornozelo, na visão das Leis Biológicas, pode ser interpretada como um conflito no qual apresentamos um sentimento de incapacidade, desvalorização e impotência ligado aos movimentos de direção, dentro de um contexto em que nos sentimos divididos entre duas coisas, dois projetos ou dois caminhos a seguir; ou algo que queremos fazer e dizer, ou até algo que não queremos fazer, mas que nos sentimos obrigados a fazer. No meu caso, como destra, o conflito estava diretamente relacionado a questões ligadas à figura materna ou àquilo que eu considerava como "meus filhos" – seja no sentido literal, como filhos biológicos, ou no sentido simbólico, como meus projetos e minha empresa.

Na época da ruptura, eu estava passando por um momento particularmente delicado na minha vida profissional. Havia feito um grande investimento em uma franquia para um novo método de treinamento físico com plataformas vibratórias que prometiam otimizar a contração muscular. Essa era uma inovação no mercado, e eu acreditava fortemente no potencial do método. Junto com dois sócios, decidimos abrir o negócio em uma academia, em um bairro nobre de Curitiba, um local com potencial para atrair muitos clientes.

Isso foi em 2011 e eu estava cheia de expectativas e confiança de que, com a dedicação e o investimento adequados, o negócio prosperaria. Eu me dividia entre o último ano da faculdade de Educação Física e as longas horas dedicadas ao negócio, que demandava a maior parte da minha energia. Detendo 80% da empresa, carregava a maior parte da responsabilidade. A pressão interna, na minha cabeça, era imensa, principalmente depois que uma das sócias deixou o negócio, aumentando o meu envolvimento e a minha carga emocional. Estava determinada a não permitir que nada desse errado, mas a minha autocobrança para manter tudo funcionando, fazer a empresa crescer e superar as dificuldades impostas era constante, afetando profundamente o meu equilíbrio físico e emocional. Eu me via imersa em um turbilhão de desafios, desde a gestão da empresa até a conquista de novos clientes.

Foi nesse contexto que começamos a enfrentar dificuldades. Apesar de todos os esforços para divulgar o método e atrair alunos, os resultados estavam aquém das expectativas. Em uma das reuniões com os representantes da empresa, expus as dificuldades que estávamos enfrentando e perguntei o que eles poderiam fazer para nos apoiar naquele momento crítico. A resposta que recebi foi surpreendente e, de certa forma, devastadora: a advogada da empresa disse que eu não estava "sendo dona do meu negócio" e ainda acrescentou que estávamos no "melhor ponto de Curitiba".

Isso foi muito impactante para mim. Eu não esperava jamais ouvir aquilo – o que me afetou ainda mais, principalmente diante de todo meu esforço para "sustentar" e "fazer andar" aquela empresa. (Observem que até neste momento que conto esta história para você, leitor, as palavras que uso e a relação que elas têm relação com o nosso corpo, pois quem sustenta o nosso peso corporal e nos leva a caminhar?) Ao ouvir o que a advogada falou, respondi impulsivamente: "Se eu não sou dona do meu negócio, então comprem a minha parte, já que vocês sabem fazer melhor do que eu". Afinal, como todo o empenho para atrair clientes e as longas horas de trabalho me dedicando para dar andamento à empresa não foram o suficiente, o que mais eu preciso fazer? Foi uma resposta forte, mas era reflexo da frustração e da sensação de incompetência que eu sentia.

Hoje, ao refletir sobre aquele momento, percebo que o conflito de direção de vida estava claro. Eu estava dividida entre seguir em frente com algo que eu havia construído com tanto esforço, mas que não estava trazendo os resultados esperados, e a vontade de desistir, de abandonar aquele caminho que parecia cada vez mais difícil e sem saída. O suporte prometido pela franquia, essencial para impulsionar a marca e o negócio, não estava sendo oferecido adequadamente. Embora fizessem visitas mensais para contabilizar as aulas, o apoio real para o crescimento da empresa era insuficiente. Na reunião, eu os lembrei de que o contrato previa pagamento de *royalties*, mas em conjunto haveria um suporte contínuo. Após demonstrar a minha insatisfação, eles sugeriram que eu tentasse novamente, garantindo que o apoio necessário seria dado.

Decidi pensar na proposta durante uma viagem que eu estava prestes a fazer aos Estados Unidos, em 2012. Era o momento oportuno para descansar, refletir e tomar uma decisão final. Na volta, no dia da reunião, eu tinha tomado a minha decisão: eu estava certa de que não desejava mais seguir aquele caminho. Ao sair da reunião, após comunicar minha decisão de não continuar com a franquia, mas muito triste por ter que fazer essa escolha, a entorse aconteceu; enquanto descia as escadas da academia, virei o tornozelo, gerando a ruptura ligamentar. Três ligamentos se romperam parcialmente naquele exato momento, confirmando, de forma física, a minha decisão de romper com aquele ciclo em minha vida profissional.

Ao olhar para trás, entendo que essa ruptura foi uma manifestação física de todo o conflito emocional que eu estava vivendo. Meu corpo, de forma inconsciente, refletiu a minha decisão de seguir um novo caminho, de romper com algo que não estava mais me trazendo felicidade. E a mensagem que ele estava me dizendo era: "Rompa este caminho que não lhe serve mais". O ligamento rompido era o reflexo da minha própria fragilidade emocional naquele contexto, da sensação de incapacidade e de desvalorização que eu trazia comigo. A frase dita pela advogada da franquia ressoava em minha mente, reforçando ainda mais o sentimento de que eu não tinha competência para continuar naquele caminho.

A lesão foi, sem dúvida, o meu corpo me parando, forçando-me a reconsiderar meus passos e a tomar um novo rumo. Muitas vezes, o corpo fala o que o coração não consegue dizer. Nosso corpo nos envia sinais, como irritabilidade, tristeza, raiva e dores físicas, mas muitas vezes ignoramos esses sintomas, tratando-os como normais. É essencial prestar atenção a esses alertas e ajustar nossos hábitos para restaurar o equilíbrio do corpo. Meu corpo estava me dando a oportunidade de parar, de refletir e de encontrar uma nova direção, além de me levar para uma nova fase do processo de reparação daquele tecido que estava fragilizado pelas minhas percepções e como elas impactaram o meu corpo.

Na época, eu não tinha conhecimento das Leis Biológicas e o tratamento foi feito por meio da fisioterapia convencional, mas eu já intuía que havia algo além do físico naquela lesão. Foi somente em 2015, durante a formação do segundo módulo das Leis Biológicas, que compreendi profundamente a raiz do meu conflito de direção. Pude perceber durante essa formação que, dessa vez, eu havia escolhido o caminho que fazia sentido seguir e no qual trabalho até hoje.

Essa experiência marcou profundamente a interseção entre minha prática profissional e minha vida pessoal.

Com essa visão, espero inspirar outros a olharem para suas próprias lesões e sintomas com um olhar mais profundo, vendo nas dificuldades a oportunidade de se posicionar de uma forma diferente, além de crescer e de se transformar.

Ao final dessa jornada, compreendi que os sintomas físicos, muitas vezes, são manifestações de conflitos emocionais e mentais mais profundos, que vivemos de maneira inconsciente. A ruptura ligamentar no meu tornozelo foi um marco no meu entendimento de como o corpo e a mente estão intimamente conectados. Essa compreensão, proporcionada pelo estudo das Leis Biológicas, mudou completamente a minha forma de viver e de cuidar dos meus pacientes. Hoje, ao olhar para os sintomas e traumas, tanto em mim quanto nos outros, vejo mais do que a questão física; vejo as histórias não contadas, os conflitos não resolvidos e as emoções reprimidas.

Convido você, leitor, a refletir sobre os sinais que o seu corpo pode estar enviando. Cada dor, lesão ou sintoma pode carregar consigo uma mensagem importante sobre aspectos emocionais ou mentais que talvez ainda não tenham sido trazidos à consciência. O caminho para a cura vai muito além do tratamento físico: envolve descobrir a raiz emocional dos sintomas, para que, ao compreendê-los, possamos nos curar por completo.

Se você se identificou com essa história, ou sente que está vivendo um conflito interno que possa estar afetando sua saúde física ou emocional, eu convido você a me procurar para um atendimento. Juntos, através das Leis Biológicas, podemos explorar as causas profundas do que está acontecendo em seu corpo e em sua vida e encontrar o caminho para uma cura verdadeira e duradoura. Seja qual for o desafio que você esteja enfrentando, saiba que existe uma possibilidade de transformação e crescimento esperando por você. Vamos dar esse passo juntos?

*"O corpo fala o
que o coração não
consegue dizer. A
minha lesão revelou
a necessidade de
abandonar caminhos
que não me
serviam mais."*

Andrezza Tramujas

Anna Talhari Queiroz

Muito prazer, sou Anna Paula Talhari Queiroz, nascida e criada em São Paulo/SP; aquariana, sonhadora, esposa do Marcelo Queiroz e mãe do Rafael.

Sou fisioterapeuta há mais de vinte anos e terapeuta em Leis Biológicas.

Acredito que a maior transformação da minha vida veio através das Leis Biológicas e quero levar isso para o mundo.

"O seu corpo conta a sua história e a vida é um reflexo do corpo".

Para se conectar comigo e saber mais sobre a minha consulta e os meus tratamentos, abaixo estão os meus contatos. Atendo presencialmente e on-line.

annatalhariqueiroz

+55 (11) 94477-6767

5 A FUNÇÃO BIOLÓGICA DO PAI E SUAS AÇÕES PARA O MUNDO

Por Anna Talhari Queiroz

Como fisioterapeuta, durante meus atendimentos, sempre me questionava como os mesmos sintomas se manifestavam de diversas formas em cada paciente: por que uma dor causa determinadas restrições em um indivíduo e no outro causa alterações comportamentais?

Sempre olhei para cada paciente que me procurava com um olhar diferente, me questionando qual era a história por trás desses sintomas e o que o corpo estava querendo dizer. Foi assim que descobri as 5 Leis Biológicas, ou a Medicina Germânica, e isso foi um divisor de águas na minha vida, tanto na questão profissional quanto, principalmente, na questão pessoal.

Conheci o meu mentor, Rafael Livramento (@rafael.livramento.terapias), por meio de uma *live* na qual ele falava sobre as Leis Biológicas. Agendei um atendimento para auxiliar nas minhas questões pessoais e depois resolvi ingressar em um de seus cursos para saber mais a respeito dessa ferramenta. Mergulhei de corpo e alma nesse mundo do autoconhecimento e não parei mais.

Primeiramente, vou contar quais circunstâncias eu estava vivendo quando agendei minha sessão.

Quando procurei o meu mentor, estava no meu segundo casamento; porém, percebi que estava me posicionando da mesma forma como no casamento anterior. No meu primeiro casamento, eu era uma mulher *workaholic* ao ponto de não conseguir olhar para o meu lado feminino; tinha muitas inseguranças em relação ao masculino, não confiava no meu parceiro e tinha ciúmes, o que atrapalhava demais a minha relação. Além disso, ainda tinha muita dificuldade em me expor e ser vista pelo mundo.

Através das Leis Biológicas, consegui compreender que armazenamos informações de memórias transgeracionais, memórias de momentos vividos ainda na gestação e na infância. Descobri que elas vão causando repercussões nas nossas ações e nos nossos comportamentos, além de gerar sintomas.

Descobri que os meus sintomas vieram da minha mãe, durante o período gestacional. Durante a gravidez, a minha mãe não teve a presença do meu pai biológico; ela estava sempre sozinha e teve que passar por muitos medos e inseguranças, incluindo infidelidade e escassez de comida.

Mesmo enquanto estamos sendo gerados, pelo olhar da Biologia, nosso cérebro vai armazenando os registros vividos e entende que um filhote na natureza sem a presença do pai está correndo risco de vida e que aquela situação é perigosa para a sua sobrevivência.

Depois de um ano do meu nascimento, a minha mãe conheceu o meu pai do coração, que foi quem me criou, me deu amor e me protegeu; porém, tudo pelo que ela passou ficou registrado em mim, de maneira inconsciente, independentemente de a figura paterna ter sido substituída. Havia uma série de memórias já armazenadas na minha concepção, gestação e no meu primeiro ano de vida que precisava ser ressignificada.

Porém, antes de explorarmos mais a ressignificação, vou contar um pouquinho sobre o surgimento das Leis Biológicas, ou Medicina Germânica.

Como poucos sabem, essa área de estudo surgiu na década de 1970, na Alemanha, criada por Dr. Hamer, um médico oncologista. Em 1978, Dr. Hamer sofreu um grande trauma com a perda do seu filho, que foi morto por uma bala perdida. Após três meses da morte do filho, Dr. Hamer desenvolveu um câncer no testículo, mesmo que tivesse perfeita saúde até então e, pela literatura, não houvesse nenhum fator de risco que justificasse a doença.

Foi a partir disso que ele começou a investigar a vida dos seus pacientes e descobriu que cada um deles havia vivido algo traumático em suas vidas antes do aparecimento da doença; a partir disso, ele estruturou as 5 Leis Biológicas.

Através de *scanners* cerebrais, ele identificou que cada trauma vivido deixava uma impressão cerebral, e essa área cerebral controlava uma região ou órgão específico. A partir disso, mapeou todo o corpo e desvendou quais conflitos biológicos estavam por trás da maioria das patologias. No seu caso, Dr. Hamer relacionou que o seu câncer de testículos estava ligado ao trauma da sua perda. Visto que a função dos testículos é de gerar a vida, essa foi a estratégia que seu cérebro utilizou para lidar com o trauma.

As Leis Biológicas tratam os pacientes a partir do entendimento dos conflitos que estão por trás dos sintomas apresentados e, quando encontrada a raiz do problema, é realizada a ressignificação desse conflito, e assim o sintoma entra em remissão, pois não há mais motivo para a sua manifestação.

Ter acesso às Leis Biológicas muda completamente a nossa maneira de enxergar a realidade. Passamos a entender que o corpo é extremamente inteligente e que precisamos saber quais conflitos estão por trás das dificuldades que enfrentamos. Além disso, precisamos ter consciência de que temos a capacidade de resolvê-los, ressignificando e fazendo ações diferentes para que vivamos o que a vida tem a oferecer de bom.

Pela medicina tradicional, a doença muitas vezes acaba sendo uma sentença de algo que persistirá pelo resto da vida, algo que não tem cura. Quando temos uma situação inesperada, evitamos a qualquer custo olhar para esse trauma, pois isso pode ser benéfico em algum momento da vida; porém, no longo prazo, podemos estar deixando de tomar algumas decisões necessárias naquele momento, ou deixando de viver o nosso propósito.

Nós, terapeutas biológicos, iremos trabalhar pelo olhar dos sintomas que o paciente apresenta. Quando vivemos um trauma, a percepção que nosso cérebro tem é a de que, de um modo arcaico, estamos sempre correndo riscos para a nossa sobrevivência e, a partir daí, vamos nos adaptando e moldando nossa identidade e quem nós somos.

Quando as mudanças aparecem, os sintomas são os mecanismos que o corpo usa para olharmos para isso, e precisamos, sim, fazer atualizações em nossas percepções e ações para que as informações sejam mais adequadas à vida que estamos querendo.

Fala-se tanto sobre ressignificação nas Leis Biológicas, mas, afinal, o que quer dizer ressignificação?

Ressignificar é dar um novo significado a algo ou dar um sentido diferente a alguma coisa, já que "re" quer dizer "de novo" ou "novamente". Porém, na raiz, essa palavra significa "retirar afeto" de alguma coisa. Vamos, então, nos aprofundar mais no que isso quer dizer. O significado desse verbo é maravilhoso, pois ao ressignificar uma experiência, você está retirando o afeto que ela tem sobre você, ou seja, ela não o afeta mais, não retira as suas melhores energias; ela não o angustia mais, nem o deixa nervoso, com raiva, com medo etc. E assim saímos da impotência. É por isso que, para mim, as Leis Biológicas são uma técnica bem-construída, sintetizada e desenhada que faz com que o paciente se sinta compreendido.

De uma forma resumida, vou me utilizar da visão das Leis Biológicas para explicar qual é a função biológica da mãe. A mãe faz parte do território feminino e nos oferece o primeiro ambiente seguro para o nosso desenvolvimento, o nosso primeiro contato com o mundo, o nosso primeiro lar. Ela nos ensina, através do seu amor, paciência e dedicação para nos desenvolvermos para a vida, além de ser a primeira a nos ensinar o que é cuidado.

Enquanto isso, a função biológica do pai corresponde ao território masculino, que desempenha o papel fundamental de nos oferecer segurança, proteção e provisão para o nosso desenvolvimento. O pai é o nosso primeiro herói, nosso primeiro exemplo de força e de estrutura e o primeiro a nos mostrar o que é coragem e como podemos enfrentar os desafios da vida. Isso é a base para a nossa saúde mental e emocional ao longo da vida.

Quando não temos esse masculino desempenhando o papel biológico, perdemos a barreira de proteção de que o "filhote" precisa e, como consequência, teremos um adulto que tem medo de ir para o mundo, que não se expõe, não rompe fronteiras, enfrenta dificuldades no agir, nas conquistas, e até mesmo pode encontrar dificuldades com questões financeiras. Isso tudo de acordo com a história e a percepção de cada um.

Se não entendemos nossos sintomas, vamos crescendo e querendo que o mundo preencha as necessidades que o nosso eu criança traz. Mesmo tendo um pai do coração presente ali todos os dias, eu me sentia envergonhada por ele não ter sido meu pai desde sempre e não conseguia entender por que eu não confiava no meu parceiro, ou por que eu achava que precisava dar conta de tudo sozinha. Mas, ao entender a função do pai pelas Leis Biológicas, tudo mudou; isso fez toda diferença para a minha vida desde então.

Através das Leis Biológicas, consegui entender minha história e descongelar meus traumas, dando uma nova trajetória para a minha vida. Demorei muito tempo para entender que não precisava ter vergonha da minha história, pois isso não estava no meu controle. Não temos o poder de mudar nosso passado, mas podemos mudar a forma com que olhamos para ele.

Sou grata pela vida que meu pai biológico me deu e a João Carlos Amaral, por ter sido meu pai de uma forma incrível. Desde tais descobertas, novas oportunidades estão aparecendo e hoje me sinto uma pessoa segura, feliz e realizada com a família que construí. Agradeço, também, ao meu marido, Marcelo Queiroz, por estar nessa caminhada comigo, e ao meu filho, Rafael.

Estar escrevendo hoje faz parte das minhas ressignificações. Conforme você vai se permitindo, novas experiências começam a surgir e, conforme você vai acertando, a sua confiança cresce e você vai ficando cada vez mais perto de se tornar a pessoa que deseja ser.

Obrigada ao meu mentor, Rafael Livramento, e à Carolina Vieira (@carolinavieira.1) por me ajudarem nesse processo de autoconhecimento.

Visitem os porões mais doloridos da mente, para então poderem transbordar. Nada, nadinha, que qualquer pessoa da sua família viveu ou o que você mesmo já tenha vivido pode determinar quem você vai se tornar. Você vai se tornar quem você quiser!

Estamos aqui para construir e pagar o preço das mudanças. Deixe de ser refém dos seus sintomas, veja-os como uma oportunidade de ser melhor a cada dia. Venha descongelar comigo as questões que estão impedindo você de dar o próximo passo.

Referência bibliográfica

LIVRAMENTO, R. Curso “Noções da existência”. *MemberKit*, 2024.

“Ocupe o lugar que
você tem
que ocupar.”

Anna Talhari Queiroz

JULIA CAMERON
ELLE LUNA

Blandine Parra

"O que você faz na vida?". Respondi: "Eu faço um mundo melhor".

Sou francesa, nasci em Lyon, onde morei até meus 20 anos. Eu me formei mestre de Ciências em Tradução Automática e Engenharia das Linguagens, na Inglaterra. Trabalhei por dez anos no CLT em Paris e criei o meu negócio de ateliê de inglês para crianças. E foi então que a minha vida tomou um novo caminho, o do Brasil. Estava longe de imaginar o quanto essa aventura me transformaria.

As Leis Biológicas entraram na minha vida quando eu estava vivenciando um processo de reconstrução. Esse conhecimento do ser humano se revelou uma ferramenta fundamental, a meu ver, para a compreensão e a conexão de quem somos.

Ajudo você a encontrar o próprio lugar no seu coração por meio do despertar da sua criatividade e da liderança da sua cura.

be_you_connected

6 TUDO SE CONECTA

Por Blandine Parra

Com o passar dos anos, percebi o quanto adoro escutar as histórias das pessoas que cruzam o meu caminho. Histórias de vida tão fascinantes quanto umas às outras. Percursos que desafiam as águas que correm de um rio longo e calmo. E escuto, com admiração, aos sobreviventes de um mar agitado. Com o passar dos anos, percebi que ninguém vive em um barco rodeado de águas calmas; que cada um de nós atravessa as próprias tempestades. Não se trata de quem sobrevive às ondas mais altas. O que é interessante nessas histórias é tanto a emoção de quem as conta (você) quanto de quem as ouve (eu). Sem as emoções, apenas existimos. Não vivemos. Venha me contar a sua história!

As emoções são as tatuagens das nossas experiências de vida. Uma tatuagem é a gravação permanente de uma arte na pele. Trata-se de uma modificação consciente do corpo assimilada a um refúgio inconsciente de defesa. Enquanto a tatuagem é uma forma deliberada de expressão da nossa identidade, marcando na pele uma parte da nossa história, a emoção deixa uma marca no nosso cérebro de maneira inconsciente para registrar as nossas experiências de vida.

Quando pensamos em um evento passado, podemos reviver a emoção que surgiu dentro de nós naquele determinado momento. Quando a saudade bate, é nosso cérebro que está revivendo um sentimento bom. E quando vivemos uma experiência traumática? Nosso cérebro registra as emoções sentidas em regiões específicas e vai gerando respostas de sobrevivência e adaptação por meio de determinadas reações do nosso corpo. Cada trauma deixa uma lesão numa área específica do nosso cérebro. E, por sua vez, nosso corpo, ou o órgão relacionado à parte do cérebro atingida, envia uma resposta. É o famoso "o corpo que fala".

Nosso corpo se comunica conosco o tempo todo. Mas é preciso se conectar com ele para entender o que ele quer falar. Nossas dores físicas, mentais e emocionais são respostas biológicas a partir do nosso cérebro para nos alertar de um desequilíbrio interno. O cérebro é nosso aliado. Ele manda sinais para que cuidemos do equilíbrio da nossa engenharia humana. Nossos sintomas revelam o caminho para seguirmos. Eles são a nossa bússola. Cada dia é o dia para nos reequilibrarmos. Não é sobre esquecer o que nos fez mal. A história já aconteceu e os impactos já estão gravados no nosso corpo e no nosso cérebro, como tatuagens desenhadas na nossa pele. Qualquer que seja a situação difícil que já vivenciamos, não existe milagre que possa apagá-la. Mas, com coragem, podemos dar uma nova cor para nossa dor.

Tudo que excluímos ou tentamos excluir vai continuar a manter a escuridão no nosso coração. Ao aceitarmos o que já se foi, permitimos incluir as peças da nossa história que foram construindo quem somos hoje. A inclusão no nosso coração de qualquer vivência passada é a aceitação deliberada e consciente da nossa história e o segredo para a cura. O propósito das Leis Biológicas é ajudar a conscientizar e integrar as peças da nossa vida que deixaram impactos limitantes, e assim oferecer uma nova percepção para nos conectarmos com quem somos.

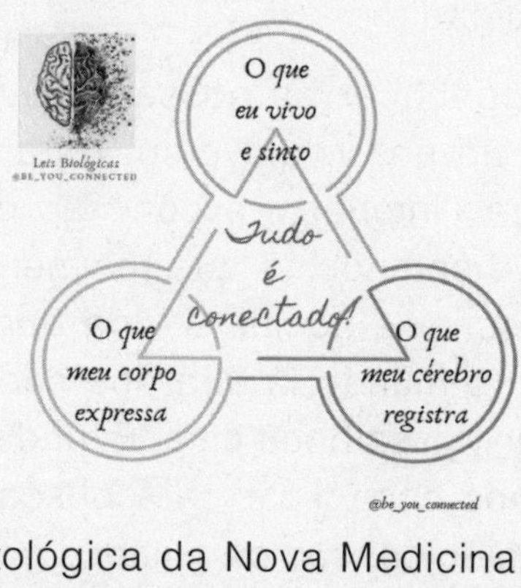

A abordagem patológica da Nova Medicina Germânica (ou Leis Biológicas) mostra a correlação biológica que existe entre a mente (emoção), o cérebro (psique) e o órgão (corpo). O evento traumático não precisa ser algo grande e grave para deixar a sua marca. O nosso cérebro registra um momento vivido com detalhes a partir dos nossos cinco sentidos: visão, olfato, paladar, audição e tato. Que fosse um momento bom ou um momento ruim, quando o cérebro associa um ou vários sentidos semelhantes a uma situação já vivida, ele ativa nossa memória de forma inconsciente. A leitura biológica de uma dor ou de uma doença nos leva à consciência dessa memória para que possamos ressignificar as emoções que emergiram naquele momento já vivido. Assim, transformamos nosso conflito em aprendizado e equilíbrio. Essa conexão gera uma nova percepção e nosso cérebro cria novas ligações. Somos uma engenharia viva e complexa em que tudo se conecta. Entender nossa dor é entender tanto nosso funcionamento quanto nossa história peculiar. Venha entender a sua. Conecte-se!

A terapia, de qualquer forma que seja, deve ser um guia para podermos encontrar o próprio lugar na nossa patologia (dor física ou emocional), na nossa história e na nossa verdade. Não existe um caminho, mas existe o nosso caminho. E somos o artista da nossa vida. Enquanto a medicina convencional trata diretamente os sintomas com remédios, a medicina integrativa é igualmente importante para a nossa cura emocional e existencial, pois ela busca a origem e o porquê dos sintomas na nossa história de vida. Quando conhecemos o porquê, conhecemos o caminho. O processo terapêutico possibilita tomar consciência do que ainda está no nosso inconsciente e, assim, encontrar as nossas próprias respostas. Ele conecta os pontinhos da nossa história, dá um novo sentido e cria uma nova percepção. Conseguimos, portanto, adotar uma nova realidade.

Permitir-nos reconhecer as nossas vulnerabilidades e buscar evoluir é mergulhar no nosso universo, para podermos fazer a tão necessária (r)evolução interior e a conexão com quem nós somos. É observar, acolher e entender o que realmente acontece dentro de nós. É nos permitir sentir e aceitar a vida que nos acontece apesar da nossa existência (o mundo lá fora que não nos pertence). Nosso corpo expressa o que nossa boca cala. É fundamental entender o que ele está querendo nos comunicar para buscarmos nossa harmonia. Através da leitura biológica, somos guiados ao conhecimento próprio para compreender e acolher nossa patologia, nossas necessidades, nossas vulnerabilidades e nossas verdades. Somente quando tomamos consciência da verdade, podemos trilhar a nossa cura.

Agora, convido você a uma leitura afetiva através de onze reflexões criativas sobre a importância da sua história, a intimidade com quem você é e o caminho para a cura, para uma vida mais feliz, mais leve e mais conectada. É um tempo, o **seu** tempo, para mergulhar no seu mar e viajar pela sua vida.

- Um dia, você irá perceber o quanto já mudou. Para isso, precisa dar seu primeiro passo antes que a vida lhe empurre. As primeiras vezes acontecem e são necessárias para experimentar novos caminhos.
- O que você já viveu está gravado dentro de si, como as tatuagens na sua pele. A verdadeira questão não é o que aconteceu, mas qual percepção você tem e quais marcas você guardou sobre o que aconteceu.
- O motivo íntimo e biológico das suas travas e patologias está no que você ainda não sabe sobre si. O autoconhecimento da própria história, mas também do que te compõe e constrói como ser humano e como indivíduo único, é a chave que abre o caminho para andar o seu destino. Escolha descobrir as peças que ainda faltam para você encaixá-las no sentido da sua vida.
- A compreensão da tríade emoção-cérebro-corpo é um convite para olhar a vida com uma nova percepção e perfeição. Ao trazer à consciência acontecimentos da sua história, ela propõe conectar os pontos entre o que você viveu, sentiu e está revivendo. Quais pontinhos você ainda precisa ligar?
- Quem tem medo de terapia tem medo da própria história. Já fez terapia? Está na hora de se conectar com seu essencial!
- Esses medos que nunca lhe abandonam... Do que você tem medo? O que está impedindo você de se movimentar?
- Um sintoma tem como origem a diferença entre a percepção de uma necessidade sua e a não satisfação dessa necessidade na sua realidade. Conecte sua dor à sua história e a reinvente.
- Escolher amar e ser amado é entender o caminho da sua cura.

- Enquanto você não reconhece e abraça a quem você pertence, você vai continuar andando perdido. Quem é você?
- O tempo é efêmero. Mas a memória do cérebro perdura no infinito.
- A conexão é a chave para viver a sua cura e curar a sua vida.

A conexão como caminho para a cura e uma vida mais feliz

A compreensão de que tudo está conectado é fundamental para entender quem somos e criar o mundo que se harmoniza com nosso coração. Um sintoma não é apenas um sinal de desequilíbrio no nosso corpo. Essa perspectiva busca entender o que o sintoma está tentando comunicar sobre nossa vida interna e o contexto da nossa história. A origem grega da palavra “sintoma” significa “acontecer”. Ela reflete nossa verdade em aspectos emocionais, históricos, culturais e também espirituais. É a história do nosso inconsciente. A abordagem da nossa cura não se trata apenas de olhar para os sintomas, mas de compreender a dinâmica integral do indivíduo como ser humano.

A paz que você não tem está na distância que você não toma.

A felicidade que você não encontra está na escolha que você não enfrenta.

A cura que você tanto deseja está na verdade que ninguém lhe conta.

Poderíamos ser tudo o que gostaríamos de ser. Mas a nossa história decidiu diferente. É preciso entender quais são os elos que delimitam o nosso caminho para mudar o nosso destino.

Venha conhecer a história por trás dos seus sintomas e encontrar o próprio lugar no seu coração através de uma vida criativa.

Conte a si mesmo uma nova história. Conecte-se!

Uma vida para se curar, uma cura para se viver.

*"A inclusão no
nosso coração
de qualquer
vivência passada
é a aceitação
deliberada e
consciente da
nossa história e o
segredo para
a cura."*

Blandine Parra

Camila S. de Castro

Eu me chamo Camila S. de Castro, sou fisioterapeuta e estudante do 3º ano de Psicanálise Clínica. Além disso, tenho formação em Microfisioterapia, Leitura Biológica, Memória e Informação – Ciclos de Vida (Grade de Lealdade Familiar), entre outras, sendo que atendo em várias cidades na região de Santo Ângelo/RS. Recentemente, participei do curso "Epigenética e as Cinco Leis Biológicas", realizado na Bélgica, no qual pude compreender muitas situações familiares complexas por meio dos ensinamentos da renomada terapeuta e professora Josie Kromer.

camiladecastromicrofisio

Camila de Castro

+55 (55) 99904-3751

7 A INFLUÊNCIA TRANSGERACIONAL NA FAMÍLIA

Por Camila S. de Castro

Minha infância foi muito feliz. Cresci em uma cidade do interior do Rio Grande do Sul chamada Horizontina; quando eu tinha 9 anos, a vida da minha família sofreu um tremendo golpe do destino, pois meus pais resolveram se separar devido a um relacionamento extraconjugal contraído pelo meu pai. Em seguida, fomos residir em Santo Ângelo, sendo acolhidos pela minha avó materna.

Mesmo com todo carinho, nós nos sentíamos muito fragilizados, pois não era a nossa casa, o nosso lar, além de haver pessoas que não nos queriam lá. Nós nos sentíamos intrusos, como os "estranhos no ninho". Ademais, sofremos abandono paterno, pois nosso pai cortou relações com os filhos; simplesmente não existíamos mais. Minha mãe e meu irmão trabalharam muito para nos sustentar, e eu, aos 14 anos, iniciei o meu primeiro trabalho na loja de uma amiga da minha mãe. Sou muito grata por isso, já que aprendi o valor do trabalho e do dinheiro.

Aos 13 anos, eu recebi uma proposta para fazer curso de modelo fotográfica com o renomado Dilson Stein. No entanto, não era o meu sonho. Muitos acreditaram em mim e fiquei muito triste por decepcioná-los. Eu idealizava, desde muito jovem, cursar a faculdade de Psicologia; queria auxiliar pessoas em sofrimento, o que acabou se concretizando anos depois nas formações que tenho. Teria que morar em Porto Alegre e depois em São Paulo. Meu cérebro não aguentou a pressão desse mundo novo e da possibilidade de ficar longe de minha mãe e do meu irmão, meus amores. Assim, eu achei uma solução biológica para um conflito inconsciente emocional não resolvido: tive crises graves de asma e, quando eu resolvi que não queria mais, apesar de ser algo promissor, meu organismo resolveu o conflito, pois eu tive uma convulsão e fui parar, quase morta, no hospital.

Quando eu estava na faculdade, a minha mãe teve um infarto agudo do miocárdio. Foram épocas difíceis, intensas, pois o meu irmão estava na faculdade de Engenharia Mecânica e eu, na de Fisioterapia. Ambos éramos bolsistas, sempre fomos muito dedicados e estudiosos, mas havia um grande medo de não nos formarmos, o que fazia com que minha mãe tivesse muitas preocupações com nosso futuro; mas, felizmente, nós nos formamos anos depois.

O conflito biológico relacionado ao músculo cardíaco (miocárdio) é um estado absoluto e completo de opressão; um sentimento de sobrecarga, como se você não aguentasse mais; uma sobrecarga de estresse negativo. Relacionamentos têm papel vital no infarto do miocárdio.

Meses depois, eu sofri uma queda e o meu braço ficou em flexão (fratura); eu poderia ter perdido o movimento, o que comprometeria minha futura profissão de fisioterapeuta – afinal, como atenderia meus pacientes sem meu instrumento de trabalho? Na época, entrei em desespero. Amava a fisioterapia e não queria desistir dela.

Fratura óssea é um conflito de autodesvalorização, no sentido de não poder fazer algo ou ser obrigado a fazer o que não se quer. Será que inconscientemente eu estou realizando tudo o que eu posso pela minha família? Posso ter sentido e sofrido por isso.

Quando olho para minha história, vejo uma lealdade invisível que nos conecta aos nossos antepassados e nos faz identificarmos cicatrizes e sofrimentos que, infelizmente, repetimos para resolvermos a fragilidade do clã. Depois de muitos anos, pude compreender o meu pai, a sua história e origem. O meu avô era um médico cirurgião que se separou da minha avó, e ficou com os dois filhos. Anos depois, fiquei sabendo pela minha mãe que o meu pai sofria de muitas saudades da minha avó, e que por muito tempo se penalizou na infância. Por isso, eu compreendi o porquê de ele ter se ausentado das nossas vidas. Ele repetiu a história de família dele, fazendo igual ao meu avô, já que também foi afastado da sua mãe, sofrendo com as madrastas. Enfim, uma história cheia de lacunas, as quais me fizeram perceber que o meu pai, na verdade, estava em fidelidade familiar, leal ao que apreendeu com a sua família.

Jung (*apud* MOURÃO, 2017), na teoria da luz e das sombras, afirma que todos os seres humanos têm fragilidades e também forças.

Não posso deixar de descrever o lado humano que os meus familiares tinham, a começar pelo meu avô, que era marcado por um intenso altruísmo, já que realizava atendimentos muitas vezes sem cobrar. Por sua vez, meu pai era portador de grande empatia pelos demais. Eu me lembro de um fato ocorrido na rodoviária de Porto Alegre, quando estávamos indo visitar minha querida avó Marina e meu avô. Havia um homem dormindo na rodoviária em um inverno rigoroso e meu pai tirou o seu lindo casaco de lã batida e o coloco em cima do morador de rua, e me disse: "Filha, nunca podemos deixar de ajudar os que sofrem". Eu me lembro dele chorando ao fazer tão lindo gesto de caridade. São marcas e lembranças que aquecem a minha alma. Mais tarde, vi o meu irmão realizando o mesmo gesto com uma pessoa na praça, mas ele não sabia desse fato do pai, pois eu não o narrei. Meu amado irmão realizava assistência social em um lar carente para as pessoas menos favorecidas. De forma altruísta, ele também foi fiel à sua transgeracionalidade.

Há exatamente três anos, eu recebi a notícia de que encontraram o meu pai morto dentro de casa, havia infartado. Fomos até Porto Alegre receber o corpo dele, em caixão fechado; não pude vê-lo nem relembrar a sua fisionomia; o rosto dele me é agora desconhecido. Assim como o meu avô, faleceu sozinho e do coração. Não tivemos a oportunidade de conversar e de nos reconciliar, mas dentro de mim tenho o entendimento e o perdão, pois com muito amor eu acolho o meu pai no coração.

No entanto, outra notícia devastadora em minha vida ainda estava para acontecer. Um ano após a morte do meu pai, também recebi a notícia, por telefone, de que encontraram o meu irmão morto dentro do seu apartamento, também sozinho e vítima do coração. Três mortes idênticas, com um entrelaçamento doloroso; caixão fechado e o corpo já em decomposição, ou seja, mesmo caso do meu pai. Essas perdas familiares me fizeram refletir ainda sobre a perda de meu avô paterno, que também foi de forma inesperada e por problema cardíaco.

Após essas perdas trágicas, também entrei em conflito biológico e engordei, na noção de ter que "segurar a barra", ou seja, ficar grande para lidar com situações difíceis. Depois, fui compreender que esse processo também consiste em ressignificar o trauma para que o corpo consiga fazer a resolução do conflito e, assim, retornar ao seu estado natural. Durante uma consulta médica, também identificamos em mim uma lesão cardíaca de nascimento (meu irmão também a tinha e, por isso, infartou). É a fragilidade do meu clã: os problemas cardíacos.

As Leis Biológicas me auxiliaram a um maior entendimento da minha história e dos meus sintomas. Através da compreensão e da resolução de conflitos, fazemos com que o nosso inconsciente entenda que sofrer não é o único caminho a ser percorrido, mas que existem outras maneiras mais eficazes de resolvermos a nossa dor. Uma vez, escutei do meu professor de Leis Biológicas que "só podemos levar o paciente no lugar que já visitamos". Eu vivenciei muitos momentos de dor, solidão e angústia em minha trajetória de vida, mas garanto que conseguimos enfrentar e solucionar os nossos medos, já que a coragem de viver e ser feliz é um desafio que nos instiga a nos tornarmos seres humanos mais íntegros e completos, pois na vida também temos muitos motivos para sorrir; e através do meu trabalho consigo entender que cada um de nós tem um desafio para superar.

O que as gerações anteriores nos deixaram como lições está em nossas células, em nosso âmago, no fundo do nosso ser, e o que os nossos antepassados esperam de nós é que nos libertemos das amarras que nos prendem ao sofrimento. Ajude o próximo, "ama a si mesmo e amarás o mundo!". O altruísmo é a chave da felicidade. Cada ser é uma peça essencial cumprindo a sua missão de vida. Qual é a sua? Qual é a minha? A resposta está em nosso íntimo, ouvindo nosso coração.

As 5 Leis Biológicas

As Leis Biológicas nos esclarecem sobre os mistérios, pois também somos um universo. E, dentro de cada um, essas leis são sincrônicas e claras de como podemos vencer as dificuldades. E o universo compreende tudo aquilo que nos cerca, compreende o céu e a imensidão do ser que somos, seres pensantes que sofrem, mas que também podem superar a batalha íntima de se conhecer e se curar daquilo que o feriu um dia.

Dr. Hamer descreve duas fases para cada trauma: a fase de estresse, quando também estamos chocados com um evento; e a fase de cura, após o trauma ser ressignificado, caso seja resolvido.

"Faze silêncio no teu corpo. E escuta-te. Há uma verdade silenciosa dentro de ti. A verdade sem palavras" (MEIRELES, 1982, p. A4).

O corpo está sob a direção do cérebro, que tem como programa biológico a sobrevivência e a perpetuação da espécie. Quando ocorre um trauma, a tríade mente-cérebro-corpo está envolvida no processo de adoecimento, advertindo que não é o evento que causa o trauma e, sim, a maneira de percepção do indivíduo.

Transmissão psíquica transgeracional

"Eu me aproximei para ver o que seria minha casa para o resto da minha vida. Ela não era particularmente velha ou bonita, mas claramente cresceu com a família. Tinha quatro andares, um para cada geração: bisavós, avós, pais e filhos... Em cada geração, a casa se tornara cada vez menor e cheia de gente, cada quarto tinha sido dividido ao meio para fazer dois" (BELLO; MARRA, 2020).

A transgeracionalidade pode ser determinada como um campo de forças psíquicas inconscientes originadas de um grupo familiar e que são transmitidas através das gerações pelo viés da negatividade: transmite-se o que está oculto, escondido e não elaborado.

As experiências traumáticas repassadas podem moldar intensamente o funcionamento familiar, demonstrando seu impacto na saúde mental das gerações seguintes, influenciando dinâmicas familiares e comprometendo a forma como os acontecimentos traumáticos são repassados e interpretados ao longo do tempo.

Referências bibliográficas

BELLO, L.; MARRA, M. M. O fenômeno da transgeracionalidade no ciclo de vida familiar: casal com filhos pequenos. *Revista Brasileira de Psicodrama*, 2020. Disponível em: https://pepsic.bvsalud.org/scielo.php?script=sci_arttext&pid=S0104-53932020000200003. Acesso em: 17 dez. 2024.

CHATELARD, D. S.; REHBEIN, M.P. Transgeracionalidade psíquica: uma revisão de literatura. *Fractal*: *Revista de Psicologia*, v. 3, n. 25, dez. 2013. Disponível em: https://doi.org/10.1590/S1984-02922013000300010. Acesso em: 7 dez. 2024.

LOPES, B. B. F. As cinco leis biológicas: a origem das enfermidades. *In*: VOLPI, J. H.; VOLPI, S. M. (org.) 26º Congresso Brasileiro De Psicoterapias Corporais. *Anais*. Curitiba: Centro Reichiano, 2022. Disponível em: https://www.centroreichiano.com.br/anais-dos-congressos-de-psicologia/. Acesso em: 7 dez. 2024.

MEIRELES, C. *Cânticos*. São Paulo: Moderna, 1982.

MOURÃO, H. R. *Sombra*: a luz e a escuridão na perspectiva junguiana. Disponível em: https://egov.df.gov.br/wp-content/uploads/2022/05/Sombra-a-luz-e-a-escuridao-na-perspectiva-junguiana-%E2%80%93-Hellen-Reis-Mourao.pdf. Acesso em: 16 dez. 2024.

SOUSA, S. H. T. et al. A transgeracionalidade do trauma e suas influências nas relações familiares. *Revista Contemporânea*, v. 3, n. 11, 2023. Disponível em: https://doi.org/10.56083/RCV3N11-180. Acesso em: 7 dez. 2024.

“Tudo aquilo que não pôde ser simbolizado pela geração anterior é transmitido em sua forma bruta às gerações seguintes, que continuarão ligadas entre si.”

Camila S. de Castro

Cátia Negrão

Sou fisioterapeuta desde 1998, especialista em Terapia Intensiva Neonatal e Pediátrica e em Neuropediatria. Percebia, desde cedo, a necessidade de tratar o paciente além do corpo físico. Fui em busca de formações (microfisioterapia, Leis Biológicas, Medicina Germânica, memórias e informações, genealogia, psicotraumas, física quântica e integrativa) que me permitissem ser uma terapeuta integrativa. Em 2016, recebi um diagnóstico de doença autoimune e pude associar o tratamento alopático com a Medicina Germânica e as práticas integrativas. Hoje, ajudo pessoas a identificarem o que existe por trás dos sintomas – as memórias e informações contidas em seu sistema familiar – e a viverem em coerência com sua identidade.

catianegrao_integrativa

+55 (71) 99974-2690

A HISTÓRIA POR TRÁS DOS SINTOMAS

8 ACREDITE: TODO SINTOMA TEM ALGO A SER REVELADO

Por Cátia Negrão

Sou baiana, nascida em Ilhéus/BA, e moro em Salvador. Venho de uma família pequena: meu pai Dermeval (*in memoriam*), minha mãe Marita e minha irmã Norma. Quando minha irmã tinha oito meses, minha mãe engravidou de mim. Não fui planejada e nem desejada. Minha mãe passou por grandes turbilhões emocionais, como medos, angústias e incertezas. Não havia lugar para mim naquele momento. Reconheço que essas emoções maternas impactaram o meu ser em formação, pois estávamos em simbiose. Quanto mais precoces forem os conflitos, mais profundo é o dano causado. Aqui são formados os alicerces de estrutura de personalidade do indivíduo.

Liberto os meus pais de qualquer julgamento e obrigação de serem perfeitos. Eles fizeram o melhor que conseguiram e cumpriram seus papéis com louvor. Eu os honro e sou grata por todo cuidado e amor. Fui uma criança muito apegada ao lar e à minha mãe. Cresci exercendo o papel de boazinha, tentando não desagradar os outros e buscando aprovação das pessoas ao meu redor. Frequentemente, sentia-me culpada, carente, com medo, ansiedade, sensação de inadequação e impotência por não conseguir ajudar a todos. Fui crescendo, sem saber que a minha identidade estava tomando forma, modelada para cumprir as solicitações do ambiente externo em desconexão com as minhas necessidades pessoais. Aliás, eu não sabia que poderia me dar permissão de escutar as minhas vontades, sem estar na codependência de agradar e ajudar os outros. Não havia tempo, oportunidades e nem maturidade de parar e olhar para dentro de mim.

Lembro que quando tinha 7 anos, minha mãe foi para maternidade dar à luz minha irmã Núbia. Havia grande expectativa com a chegada dessa irmã, que não retornou para casa com meus pais. Soube que havia morrido ao nascer. Não tenho lembranças de ter oportunidade de falar e expressar essa dor. Acredito que daí surgiu a minha necessidade de ser fisioterapeuta intensivista, para resgatar crianças e dar conforto às famílias. Isso faz sentido para mim.

Entendo que, quando não há espaço para se falar das dores, essa energia se congela, mas fica latente em nós, esperando um momento para ser vista. Fui crescendo nesse modelo, carregando minha criança interior, que necessitava de respostas e atenção para eventos que a feriram nessa jornada.

Eu me casei com Marcelo Ribeiro, sou mãe de três, sendo duas estrelinhas, e meu terceiro filho é Marcelo Negrão. Lembro que, em março de 2001, grávida de oito meses do meu segundo bebê, ao fazer as últimas ultrassonografias do pré-natal, meu bebê estava morto. Fiquei sem chão, mas até então não sabia para onde iam essas dores não expressadas do luto não vivido.

Recuperei o fôlego e voltei a trabalhar; em maio desse mesmo ano, meu pai faleceu. Eu parecia emocionalmente morta. Quase não chorei. Eu não sabia de fato quem eu era, mas meu corpo sabia e tinha todas as marcas dentro dele. Somos a soma de todas as relações e tudo o que nos acontece. Vivi momentos de descobertas, frustrações e alegrias unidos entre eles. Sou agradecida por tudo o que me aconteceu, pois tudo cooperou para a minha evolução.

Em setembro de 2016, de forma repentina, em viagem de férias com a família, passei a ter sintomas de uma doença, até então desconhecida. Após dois meses de investigação, recebi o diagnóstico de retocolite ulcerativa (RCU). Estava refratária ao tratamento, necessitando, em janeiro de 2017, de internação por imunossupressão. Continuava sem responder ao tratamento, o que me causou grande inquietude, pois eu estava sangrando e com dores intensas, sendo que a próxima etapa do tratamento seria cirúrgica. Foi quando usei uma medicação endorretal associada às práticas integrativas. Assim consegui sair da crise.

A RCU é uma doença autoimune e o meu corpo estava dizendo, em outras palavras, que eu era uma ameaça à segurança dele. O sistema imunológico se defende de agentes nocivos físicos e emocionais. Estava levando uma vida com incoerência entre pensar, sentir e agir. Após o cérebro, o intestino é o órgão que contém o maior número de neurônios. Neurotransmissores produzidos no intestino, como serotonina (que ajuda na regulação do humor) e GABA (que auxilia no controle do medo, ansiedade, relaxamento e qualidade do sono), estavam prejudicados pela gravidade da inflamação da membrana intestinal. Meu sistema estava em alerta.

Para a Medicina Germânica, a RCU é um conflito de identidade, indecisão, no qual a pessoa não sabe seu lugar na vida, não se posiciona diante de situações desagradáveis, não conseguindo eliminar o pedaço da dor. Essa leitura biológica era uma fotografia da minha vida, em que eu sufocava sentimentos mais íntimos, tentando não desagradar os outros e sem ter as rédeas da minha própria vida. Percebi que meu corpo estava pedindo ajuda, que queria ser visto em suas necessidades mais profundas. Meu intestino agora chorava, eliminava as dores que não expressei.

Sabia que não deveria silenciar os sintomas antes de compreendê-los. Queria ficar comigo, me acolher, compreender e reviver tudo o que vivi até ali. Tive a certeza de que fatos aconteceram quando os sintomas apareceram e se conectavam. Estava vivendo o efeito de uma causa. Lembrei que nas últimas décadas vivi grandes desafios pessoais nas diversas áreas de sustentação da minha vida. Ali, meu corpo dava sinais de falência. Cheguei ao que chamamos de fundo do poço. Lá, não há cordas e nem escadas para subir. Naquele silêncio interno, encontrei a luz da verdade que liberta e ilumina a direção a seguir. E me entreguei à condução divina. Queria restabelecer minha saúde, agindo da mesma maneira que agia antes dos sintomas da RCU. Como poderia mudar os efeitos de uma situação sem mudar os elementos causadores? Precisava chegar ao centro e acessar a minha verdadeira identidade.

A criança ferida em mim não tinha identidade própria. Ali, a coisa mais importante era cuidar de mim como minha filha. Pedi perdão a mim mesma pelo autoabandono e fui visitando tudo e todos, camada por camada, em minhas memórias, libertando as emoções aprisionadas até então. Precisei, em terapia, imersões e formações, (re)sentir dores, identificando as emoções contidas e relacionadas ao conflito desencadeante, bem como aos demais conflitos anteriores, sendo todos com o mesmo padrão emocional do trauma programante.

Isso já me trouxe grande alívio, compaixão e mudanças de percepção da minha vida. Compreendi que deveria abrir mão de tudo aquilo que, ao longo da minha história, me fez adoecer, fossem hábitos alimentares, emoções, pensamentos, atitudes ou ambientes desfuncionais. Estava disposta a deixar para trás tudo que me fosse conhecido e familiar e a encarar verdades bem difíceis sobre mim. Passei a ver todos que atraí como atores do teatro da minha vida, para só assim renascer em vida. Estava vivendo um processo que eu não sabia onde iria dar e que se apresentou como um novo estilo de vida, que foi se formando à medida que ia me permitindo confiar. Precisava mudar a forma como pensava, sentia e agia comigo e com o mundo.

Práticas como meditação diária, respiração, ioga, caminhadas ao sol, leitura, alimentação saudável com cuidados específicos da microbiota intestinal, sono regular, ambiente harmonioso e boas companhias foram escolhas inegociáveis. Minha atenção e meu tempo estavam na construção desse novo ser que pouco a pouco surgia. A criança saudável e nutrida de autoamor já habita em mim. Ela é criativa, autorresponsável, tem poder pessoal e espiritual elevados. Ela aprendeu a se posicionar sem querer agradar ou pertencer. Sabe da importância de viver em coerência: pensar, sentir e agir. Ela dá passagem à sombra que existe em si para revelar novos saberes, não mais se culpando ou se achando inadequada e nem permitindo que *personas* de vítima, controladora e justiceira se instalem. É autovigilante e sabe que antigas formas de pensamentos e emoções, do antigo circuito cerebral, ameaçam querer enviar mensagens. Mas não dá passagem, pois já sabe inibir e dar limites. Não trago comigo marcas do passado como peso, mas vejo com muita gratidão tudo o que vivi e fez parte da minha vida.

Acredito que do pensamento surge a emoção, a qual regula a biologia, a química das nossas células. As células nunca param de se renovar. Isso significa que podemos nos transformar.

Candace Pert (2009) afirma que as moléculas da emoção (receptores e peptídeos) afetam diretamente a maneira que você pensa. A memória emocional está presente no receptor celular e não apenas no nosso cérebro emocional, mas em todo corpo. A mente e as células corporais trocam informações. A cada momento, temos a oportunidade de formar novos pensamentos e emoções de melhor qualidade e fazer novas escolhas, criando novos circuitos cerebrais e, assim, uma nova realidade. Percebi que a RCU foi uma oportunidade biológica criada pelo meu corpo para que eu pudesse olhar na direção do meu passado, a fim de proporcionar mudanças de percepções, valores e atitudes e gerar novas experiências e memórias, restaurando o estado de homeostasia e fazendo, dessa forma, emergir a minha verdadeira identidade.

A cura estava em mim. Atualmente, já tenho oito anos de diagnóstico e sete de remissão da crise de RCU. Não uso medicação, tenho exames normais e continuo nas minhas práticas integrativas. Reconheço que o processo de restaurar a saúde requer dedicação, paciência e disciplina. Nos tornamos aquilo que pensamos e sentimos. Para a Medicina Germânica, mente e corpo são interdependentes. O tratamento alopático, quando somado às práticas integrativas, traz excelentes resultados.

Caro leitor, em você está a parte mais importante da cura. Quanto maior consciência você tiver sobre o seu ser integral, maiores as suas chances de transformar a sua realidade. Acredite: por trás de um sintoma, há algo a ser revelado.

Referência bibliográfica

PERT, C. *Conexão mente corpo espírito para seu bem-estar*. São Paulo: Barany, 2009.

“A cura estava em mim.”

Cátia Negrão

Dra. Daniela

Daniela Mingues

Sou Daniela Mingues, fisioterapeuta, especialista em Fisiologia Geral e Biofísica pela Faculdade de Medicina do ABC, especialista em Acupuntura pela Associação Brasileira de Acupuntura e em Medicina Tradicional Chinesa pela Universidade de Pequim; pós-graduada em Ciências pela UNIFESP/EPM, com formação em Microkinesitherapie pela ACDM/França, formação avançada nas 5 Leis Biológicas de Dr. Hamer (Nova Medicina Germânica) e em Neuropsicologia da Memória pelo Instituto Israelita Albert Einstein; Imersão Clínica em Diagnósticos Diferenciais pelas 5 Leis Biológicas com Josie Kromer, na Bélgica, em 2024, entre outras formações.

Com mais de quinze mil atendimentos realizados com empenho e prazer, busco aperfeiçoamento constante nesses 24 anos de atuação, a fim de oferecer tratamento personalizado e eficaz a cada um dos pacientes.

daniela_mingues

dradanielamingues.com.br

A HISTÓRIA POR TRÁS DOS SINTOMAS

9 RELAÇÃO ENTRE CORPO, MENTE E PSIQUE NA ORIGEM DOS SINTOMAS

Por Daniela Mingues

Em nossa cultura, os sintomas e as doenças são considerados como resultados de alterações orgânicas, fragilidades inatas ou adquiridas, e geralmente não são bem-vindos, sendo que profissionais e pacientes travam uma verdadeira guerra contra essas condições.

A eficácia de alguns remédios fez com que confiássemos e acreditássemos que exclusivamente essas moléculas químicas poderiam salvar aquele que sofre de um algum sintoma ou doença. Essa crença coletiva impossibilitou durante muitos anos vermos outras possibilidades e enxergarmos novas perspectivas na área da saúde.

O surgimento de um sintoma é uma resposta de adaptação do organismo frente a uma necessidade não atendida em um momento específico da vida e não deve ser considerado como insano ou resultante de uma malignidade; ele é, na verdade, útil, porque carrega um sentido biológico que está escondido e pode desaparecer se entendermos esse significado.

Atualmente, compreendemos, com base nas 5 Leis Biológicas, que cada doença e cada sintoma tem um significado que representa uma estratégia de sobrevivência de cada uma das nossas linguagens, seja física, mental, emocional ou relacional.

O surgimento de um determinado sintoma recebe influências, como a lateralidade, o sexo, a natureza do trauma vivenciado, a intensidade do trauma, o momento vivenciado (se na infância, em vida gestacional, na adolescência ou vida adulta) e as percepções individuais.

A determinação da lateralidade de uma pessoa é uma informação muito importante. É uma característica determinada embriologicamente logo após a concepção, no momento da primeira divisão celular, e vai determinar qual dos hemisférios cerebrais será impactado pelo conflito e em qual lado do corpo será manifestado o sintoma, dependendo se a pessoa for destra ou canhota.

O córtex cerebral possui dois hemisférios, o direito e o esquerdo; regidos sobretudo pelo lado direito estão as mulheres canhotas e os homens destros, enquanto os homens canhotos e as mulheres destras são regidos principalmente pelo lado esquerdo. Na verdade, não se trata apenas de um hábito de realizar tarefas com uma mão ou outra, mas sim uma resposta cerebral diferente para os conflitos biológicos.

No hemisfério cerebral direito, as ações são norteadas predominantemente pela testosterona, enquanto no hemisfério cerebral esquerdo, elas são norteadas pelo estrogênio. Na prática, um homem destro ou uma mulher canhota apresentam comportamentos e reações mais masculinas,posicionando-se e às vezes até mesmo brigando para conquistar e defender seu território; em contrapartida, homens canhotos e mulheres destras são mediados por reações comportamentais mais compassivas, acolhedoras e colaborativas.

A lateralidade pode ser facilmente identificada realizando-se o teste do aplauso, no qual se observa a destreza da mão que estiver por cima ao realizar o movimento de bater palmas. Essa regra só se aplica às regiões do cérebro e ao cerebelo, sendo que no tronco cerebral, a parte mais antiga do sistema, a lateralidade é indiferente à manifestação dos sintomas.

O PAT hormonal é uma condição em que um bloqueio funcional é gerado pelo cérebro, conduzindo a um pequeno desequilíbrio hormonal, no qual mulheres destras apresentam mais testosterona e homens destros menos testosterona, invertendo temporariamente a lateralidade. Trata-se de uma solução adaptativa que pode aparecer e desaparecer rapidamente assim que o conflito é solucionado no corpo, no cérebro e na psique.

Por meio de seus estudos, Dr. Hamer, médico neurologista alemão e especialista em medicina interna atuante em oncologia, apresentou as 5 Leis Biológicas na década de 1980 para a comunidade médica, com o objetivo de demonstrar os princípios biológicos que governam todos os processos envolvidos e que geram sintomas e doenças, tanto nos animais quanto nos seres humanos.

Os princípios têm como base a embriologia e a evolução biológica da filogênese. Ele descreve as semelhanças embriológicas que existem entre os animais, que possuem dois corpos (o físico e o emocional), e também as existentes no ser humano, que apresenta três tipos de corpos (o físico, o emocional e o mental, responsável pela racionalização e o sistema de crenças).

Analisando imagens de tomografias cerebrais, Dr. Hamer observou meticulosamente que o acometimento em uma determinada zona do cérebro sempre estava acompanhado de uma alteração física (em um órgão, víscera, glândula ou tecido) e que o paciente também experimentava um conflito emocional particular durante a manifestação de um sintoma ou doença. A partir de então, começaram as descrições das interrelações entre cérebro, órgão e psique.

O aparecimento de um determinado sintoma, seja ele psíquico, físico, comportamental ou mental, obedece a uma lógica biológica, que pode ser claramente descrita e compreendida, a qual abordaremos detalhadamente em cada capítulo deste livro. Cada sintoma está relacionado a uma estratégia de sobrevivência, reação esta que não está vinculada à capacidade de pensamento e tomada de decisões no momento de um trauma, por exemplo.

As células cerebrais, quando em um evento traumático, imediatamente sinalizam bioquimicamente através de neuropeptídeos para as células do órgão correspondente, que por sua vez vão provocar reações de proteções, como perda de função (hipofunção) ou um crescimento de um tumor (hiperfunção), por exemplo. A região cerebral que recebeu o biochoque (evento traumático) está relacionada com a origem dos folhetos embriológicos (endoderme, mesoderme e ectoderme) e são eles que determinarão quais sintomas físicos se manifestarão como resultado do conflito vivenciado.

Cada parte do cérebro humano foi programada biologicamente para reagir de maneira instantânea conforme a ameaça relacionada à nossa sobrevivência. O denominado "cérebro antigo" (tronco cerebral e cerebelo) está programado para controlar as reações de sobrevivência, tais como a alimentação e a excreção, a respiração e a reprodução. Entretanto, o chamado "cérebro novo" (hemisférios cerebrais) está programado para situações mais elaboradas e complexas, como, por exemplo, defender um território, conflitos de separações e perda de contato, conflitos de identidade e alterações da autoestima.

O tamanho da lesão cerebral é diretamente proporcional à intensidade e à duração do conflito e está relacionado, consequentemente, com as características do sintoma, sendo que quanto mais intenso e longo for o conflito, maior será a extensão dos nódulos cerebrais e mais intensos e duradouros também serão os sintomas.

Nosso cérebro é associativo e registra todas as informações que estão ao redor do momento do biochoque/trauma emocional, potencializando a percepção dos cinco sentidos e memorizando todas as informações presentes. Posteriormente, quando um evento se repete por semelhança, devido a essa associação, são acionados gatilhos de proteção e os conflitos são "re-sentidos" e os sintomas ativados novamente.

Não são todos os eventos negativos vivenciados que resultarão em sintomas ou doenças. Para caracterizarmos um biochoque, é necessário que o episódio se enquadre em alguns critérios, que seguem.

- O evento deve ser imprevisível, deve acontecer de maneira inesperada e surpreendente, em um determinado momento.
- Esse evento deve também ser vivido/sentido em isolamento, quando a pessoa passa pelo conflito em solidão.
- É uma situação entendida como sem solução, na qual a pessoa não pode mudar o mundo exterior e, por isso, não visualiza a resolução.
- É dramático, agudo e intenso. A intensidade desse drama determinará a intensidade do sintoma. Esse limiar de intensidade é muito particular, variando para cada pessoa, estando diretamente ligado às suas percepções e ao limiar de tolerância.

O sentido biológico das reações decorrentes do biochoque é o de garantir a sobrevivência, de ganhar tempo para encontrar a solução para essa situação. Diante de um conflito que obedeça aos critérios do biochoque, imediatamente a tríade psique, cérebro e órgão entrará em ação em conjunto e as manifestações e sintomas aparecerão em níveis psíquico, físicos e cerebrais simultaneamente. É o sentimento subjetivo por trás do conflito e a percepção individual sobre esse conflito que determinarão qual parte do cérebro receberá o impacto.

Existe sempre uma história por trás de cada sintoma, e esse sintoma carrega um conjunto único de informações, que engloba a situação específica de uma experiência vivenciada e todas as condições dessa experiência, como o lugar, a companhia, o período, os aromas, os sabores, os sons e as palavras escutadas, as imagens visualizadas, bem como as emoções associadas.

Imagine que cada indivíduo tenha um sistema de crenças e que são essas crenças que determinam suas percepções. O sintoma que aparece está intimamente ligado à percepção daquele indivíduo perante o evento vivenciado, pela maneira que ele se sentiu e, consequentemente, como ele reagiu.

As pessoas respondem às suas experiências de acordo com suas percepções e não a realidade em si; por isso, dizemos que o conflito pode ser real, virtual, simbólico ou imaginário.

Você já observou que, diante de uma mesma situação e no mesmo momento, diferentes pessoas apresentam reações distintas? Consegue imaginar por que isso acontece?

Elas reagem de maneiras diferentes porque suas sensações e percepções são diferentes. Por trás de cada sintoma, existem crenças conscientes e inconscientes e, ao modificarmos essas percepções, as reações químicas mudam e são criadas novas conexões neurais, traçando assim o caminho do tratamento.

E é exatamente por meio dessa possibilidade de mudança de olhar e de percepção, de forma consciente e profunda, que mudamos também a forma com que o corpo reage e se cura.

São as percepções sobre a sua história que geram os seus sintomas. Quando sua percepção muda, sua história muda.

Seja bem-vindo(a) a esse novo olhar e às novas possibilidades de tratamento.

"São as percepções sobre a sua história que geram os seus sintomas. Quando sua percepção muda, sua história muda."

Daniela Mingues

Daniéla Soares

Daniéla Soares, 53 anos, fisioterapeuta integrativa, mentora, escritora e palestrante. De Paraibuna/SP e São José dos Campos/SP para o mundo. Honro minhas raízes por meio da dona Rita e do sr. João e abençoo meus frutos, Júlia e Laísa. Apaixonada pelo desenvolvimento e comportamento humano, busco a integração de corpo, mente e emoções através de leitura biológica, microfisioterapia e terapia manual evolutiva, para não sermos mais reféns de nossos sintomas e nossas dificuldades e assim enxergarmos cada vez mais o que nossa história nos revela, a fim de ultrapassarmos nossas barreiras. Em um ano, eu me reinventei: fundei a Escola de Terapias e Treinamento Byo.mind e o Instituto Aqui Somos Mãos que Cuidam. Ajudo resolver a causa emocional por trás de qualquer dor para um maior desempenho na saúde, carreira e em seus relacionamentos

dani.microfisioterapia.sjc

byo.mind

+55 (12) 97402-4696

danielalvesoares@uol.com.br

10 TRANSFORMAR E TRANSBORDAR: A FORÇA DE SE PERCEBER

Por Daniéla Soares

Transbordo! Coerência! Exalando intensidade, movimento e vida. Essa sou eu. Mas nem sempre fui assim. Hoje, com 53 anos e três livros em coautoria – e em planejamento do quarto –, eu me sinto com uma força e uma potência nunca imaginadas. Eu me transformei para transbordar e levar a ferramenta que tem feito sentido em minha vida: as 5 Leis Biológicas. Você também pode ser transformado em uma versão que produz, realiza e colhe; mas qual verdade você precisa de fato encarar? O que quer mudar: relacionamentos, finanças, saúde? Evoluí dez anos em um e quero mostrar-lhe que você pode e deve fazer sua travessia em pouco tempo, assim como eu, não sendo refém dos seus sintomas.

Medo, ansiedade e solidão. Qual era a história por trás das minhas desvalorizações e desproteções? Qual era o pano de fundo, o que não conseguia enxergar? Você pode indagar: "Também me sinto assim, como isso é tratado pela leitura biológica em pouco tempo?". Entender que isso ocorre conosco é o mais simples e, assim como eu, você deve ter tentado de tudo, gastado dinheiro em treinamentos, cursos, terapias e medicamentos, mas ainda sente dificuldades, pois é difícil e demorado demais sem ajuda e sem as ferramentas corretas. Quando a leitura biológica entrou em minha vida, revisitei meus caminhos e compreendi os padrões e porque os estava vivendo; isso era fundamental para alcançar uma nova realidade.

Engordei 7 kg em doze meses e nunca havia estado nesse patamar, nem mesmo nas minhas duas gestações. No cotidiano tradicional, o que pensaríamos ou a quem ou a que atribuiríamos a culpa? Falta de atividade física, má alimentação, excessos, alteração hormonal e até mesmo a idade poderiam servir de justificativa, certo? Errado. Quero que preste atenção: qual era o pano de fundo? Quais pontos ainda não haviam sido percorridos e ligados em minha história? Continuava treinando duas vezes por semana sem muita assiduidade havia três anos; nada diferente na alimentação; os exames estavam normais. Não podemos apontar a idade como vilã e justifico: por que pessoas engordam em uma certa idade por um período pequeno ou longas etapas e outras se mantêm obesas a vida toda ou perdem peso a partir de uma certa idade? O tradicional não explica e não convence e eu, sempre inquieta, queria entender por que o aumento de peso era estratégico para meu cérebro inconsciente, que faria de tudo para garantir minha sobrevivência com base no que vivi em minha história.

Fisiologicamente, o papel da gordura corporal é fornecer energia para as células, auxiliar na produção de hormônios e na síntese de vitaminas, proteger os órgãos, regular a temperatura, entre outras coisas. Biologicamente, e dentro do contexto dos meus 7 kg, ela estava enraizada na minha desproteção originada aos meus 7 anos, que foi também um período em que engordei muito até os 14 anos. Essa desproteção é uma percepção de nosso cérebro arcaico de que algo ou alguém deveria fornecer amparo; é uma necessidade primária desde o nascimento para termos maior chance de sobrevivência.

É curioso que eu, também, nunca soube pedir ajuda; era a boazinha indecisa e sempre dizia: "Na dificuldade, na dor e no desconforto, volto para minha concha"; eu carregava e resolvia os problemas de todos para ganhar afeto e me mantinha presa nessa concha[1] solitária para tentar resolver os meus problemas a vida inteira. Não existem coincidências, existem oportunidades de fazer uma releitura da nossa dificuldade e entender que essa vida que temos e esse sintoma que apresentamos não nos cabem e são obstáculos dos quais devemos enxergar a raiz e fazer acontecer.

Vou contextualizar: para chegarmos nessa raiz, olhamos a queixa – 7 kg em doze meses; o que eu estava vivendo um ano antes? Um novo relacionamento no qual me sentia protegida, amada. Qual era

1 Segundo minha percepção: útero, nossa primeira casa, calor e proteção.

o pano de fundo? Era a desproteção oriunda da infância que refletia no hoje. Agora, você pode estar se indagando: "Mas você não disse que se sentia protegida nesse relacionamento? Por que engordou?". Conscientemente, eu me sentia protegida; entretanto, meu cérebro inconsciente voltava aos meus 7 anos e entendia que o que deu certo quando me senti "abandonada" foi me manter gordinha, pois teria calor e proteção.

Com 7 anos, meu pai precisou trabalhar em outro estado e só o víamos aos finais de semana. Foi um fator que fez a minha criança se sentir desamparada pelo masculino e, nesse atual relacionamento, meu cérebro entendia que "quem protege, vai embora, e você precisa de calor e abrigo; está desprotegida novamente como aos 7 anos e precisa garantir sua sobrevivência". A resposta biológica foi aumentar a gordura corporal. Como na natureza, o macho, o masculino, tem função biológica de resguardar dos predadores e, se vai embora, é uma ameaça à sobrevivência da fêmea e da ninhada; esse era um mecanismo para garantir o calor perdido nessa falta: o quarto ponto.

É claro que estou narrando de maneira simplista minha biografia para que entenda que precisei trazer à consciência esses acontecimentos (perceber), ressignificar (decidir) e corrigir (agir) de fato para eliminar os quilos excedentes.

Qual informação estressante administrada pelo cérebro justifica o acúmulo de gordura? Eu verbalizava o conflito para meu parceiro e não o entendia de forma consciente: "Gosto de sentir seu calor". O ganho de peso expressa a conjunção de vários conflitos: medo da falta, carências, abandonos, perdas de referência, desvalorizações. Na natureza, nada é aleatório; reagimos biologicamente perante o perigo e manteremos um ciclo de respostas-padrão se não ligarmos os pontos e entendermos o pano de fundo por trás do sintoma. É como se vive, não o que se vive.

Tive relacionamentos anteriores e um casamento de 21 anos nos quais o padrão do masculino era estar longe, afastado, ir embora. Como meu cérebro entendia que eu precisava sobreviver e que sempre deu certo? Atraia sempre homens indisponíveis emocionalmente para ressignificar o conflito programante: desproteção. Entendi, com o relacionamento atual, o medo inconsciente de me sentir abandonada e percebi que a vida só estava dando oportunidade de olhar para os meus 7 anos e reelaborar o medo da falta – tudo o que vivemos é para entrar em contato conosco e nos dissociar do conflito; e eu estava no padrão de permanecer agarrada à desordem de desproteção da minha criança ferida, uma estratégia de autopreservação.

Nossa vida é um reflexo da nossa criança interior. Precisamos entender que os conceitos experenciados de dor, amor, medo, tristeza, proteção, abandono e rejeição estão relacionados ao que você viu, sentiu, ouviu, assimilou, experimentou e guardou nos primeiros anos de vida. Nossa mente associa e busca padrões para fixar hábitos e rotinas utilizando as experiências passadas como marco referencial. Assim que percebo o meu processo, acesso novas percepções e garanto novos recursos para seguir diferentemente e evoluir. Nossa vida é marcada por essas ocasiões, para rescindirmos os padrões e alcançarmos o que precisa ser mudado: ou você aceita, ou muda sua realidade. A lealdade inconsciente nos leva a viver e reviver dores, padrões e histórias familiares por fidelidade e amor.

O ponto-chave foi o relacionamento atual e o aumento de peso dentro do mesmo período de doze meses. Meu inconsciente fez como no passado: "Aumentamos a gordura porque sempre deu certo essa estratégia". Sempre via meu pai como um herói, e como um herói se comporta? Distante, inacessível, ocupado; vem, salva e parte. Eu tinha dificuldade em enxergar meu pai de carne e osso (fisicamente presente). O namorado era diferente de todos os anteriores: cuidadoso, protetor, presente e eu não estava habituada a isso. Era a lutadora, aquela que não precisava de ajuda, mas por que eu era assim? Primeiro, porque estava sempre fora da minha energia de base para honrar e estar próxima ao masculino; esse era o pano de fundo da minha história.

Além dessas reflexões, associamos a tudo que fazemos essa energia de base, a lateralidade biológica,[2] e eu era a menina destra em PAT-hormonal[3] desde muito cedo: a guerreira, a mulher trator; usava essa energia de performance de modo descompensado e não me permitia ser cuidada. Mostrar vulnerabilidade? Jamais. Assumia o papel de cuidadora do território todo, não cabendo aqui o masculino, mas o buscando todo o tempo. Quando encontrei o atual relacionamento, o homem com energia do cuidado do ninho, sedução, sempre próximo e presente, logicamente estranhei, e dizia para mim mesma: "Ele não vai embora, qual o medo?". Então o contexto trouxe a ligação final com a queixa:

2 Administrada pelo córtex cerebral, não é a mão dominante com que escrevemos, mas a influência dos hormônios na percepção dos sintomas e no comportamento.
3 Quando estamos fora da energia de base.

aumento de 7 kg dentro dos doze meses de relacionamento e o medo de ficar desprotegida (sem calor) novamente.

Digo que desci do muro quando encontrei essa ferramenta surpreendente há um ano, mas continuo avançando, porque trago novas percepções e um agir diferente. Sair da concha e poder viver todo o meu potencial é extraordinário e eu posso ajudar você a ajustar a rota e fazer a travessia em pouco tempo. O problema, a dificuldade ou mesmo um sintoma físico esconde aquele obstáculo que você não consegue enxergar. Não existe coincidência, mas uma oportunidade para decidir, agir e evoluir. O pano de fundo interfere na clareza de olharmos para nossos pontos cegos. E não adianta querer tratar obesidade sem olhar a história; ela trará o contexto, o conflito programante; só assim o seu quebra-cabeças poderá ser montado e, aí sim, melhorado.

Com esse método, vi por detrás da minha dificuldade e fui para outro nível de experiências, me curando durante o processo, e hoje ajudo meus clientes a vislumbrarem sua realidade sob uma nova ótica, sem os danos da culpa, do medo, da insegurança, da procrastinação e do desânimo. Eliminei 2 kg em 42 dias por mudança de postura, descansando no feminino e deixando a lutadora para o trabalho. Com esse entendimento, honro e agradeço os meus pais pela vida que me deram, com a realidade que podiam e com as circunstâncias individuais de cada um. A criança que era solitária, ansiosa, desprotegida e fechada na concha iniciou seu processo de abertura e está recebendo as benesses de uma vida memorável. Sem culpa nem desculpa, vamos olhar os seus pontos cegos e ter também uma vida esplêndida?

"O problema que você tem esconde aquele que não se percebe. Não existe coincidência, mas uma oportunidade para decidir, agir e evoluir."

Daniéla Soares

Fernanda Lima Guerra

Meu nome é Fernanda Soares Souza Lima Guerra. Sou biomédica, acupunturista e terapeuta com foco em saúde integrativa, buscando unir a Biomedicina com práticas da Medicina Tradicional Chinesa e as 5 Leis Biológicas. Sou mãe de Gabriella e Murilo e esposa de José Ricardo Guerra, cirurgião do aparelho digestivo. Filha de Theophilo e Maria Elizabeth, resido em Três Lagoas/MS.

Formada em Biomedicina há vinte anos , iniciei minha carreira como responsável em um laboratório de análises clínicas em Campinas/SP. Em 2018, porém, fui impulsionada por um forte desejo de ajudar o próximo de maneira mais profunda e holística. Foi assim que encontrei a acupuntura, prática que transformou minha vida e se tornou minha missão. Hoje, como biomédica, acupunturista e terapeuta, auxílio as pessoas a expandirem sua percepção e a explorarem um novo horizonte de saúde, integrando corpo, mente e espírito para uma experiência de bem-estar completa e significativa.

fernandalimaguerra

+55 (67) 98126-9868

A HISTÓRIA POR TRÁS DOS SINTOMAS

11 QUANDO O CORPO CONTA SUAS HISTÓRIAS

Por Fernanda Lima Guerra

Começo aqui honrando e preservando a memória de meu querido pai. Ele sempre citava parte de um poema: "Não devemos passar em brancas nuvens". Foi com essa percepção que fui buscar um sentido na minha vida. Sempre trabalhei e buscava solucionar conflitos e ajudar as pessoas à minha volta. Em certo momento, eu me vi cheia de tarefas e de cobranças e em uma autodesvalorização muito profunda; às vezes, a carga das dificuldades parecia maior do que eu poderia suportar. Sentia dores no corpo que me paralisavam e, na época, com meus filhos pequenos – um período em que presença da mãe é algo vital –, passei a buscar uma forma de me ajudar.

Foi, então, que comecei a explorar o conceito de ressignificação; eu participava de grupo de orações e pedia a Deus orientação sobre o meu caminho. Iniciei um tratamento com acupuntura e vi o quanto meu corpo relaxava e o bem-estar que isso me proporcionava. Procurei um terapeuta que me ajudou a me conhecer e a olhar para mim mesma com mais amor-próprio e profundidade, além de entender que não poderia controlar tudo ao meu redor. Aprendi que poderia, sim, mudar a maneira como via e reagia às situações. Essa mudança de perspectiva me trouxe não apenas alívio, mas também um novo propósito: ajudar outras pessoas a encontrarem uma saída em meio às suas próprias dificuldades. Sempre gostei de estudar e foi com esse olhar que procurei uma pós-graduação em Acupuntura e outros cursos.

Ao estudar acupuntura, parte da Medicina Tradicional Chinesa (MTC), fiquei apaixonada por como o nosso corpo é um sistema completo e complexo de conexões e informações e, principalmente, de autocura. Por meio desses estudos, os chineses viram como somos parte da natureza e, a partir desse raciocínio, constituiu-se essa rede de conhecimentos, dando início aos princípios dos cinco elementos.

Os cinco elementos são: madeira, fogo, terra, metal e água. Dentro da MTC, cada elemento tem um órgão e uma víscera correspondentes. Madeira está ligada ao fígado e à vesícula biliar, fogo está ligado ao coração e ao intestino delgado, terra está ligada ao baço e ao pâncreas, metal está ligada ao pulmão e ao intestino grosso e água está ligada ao rim e à bexiga. Da mesma maneira, cada elemento tem também uma matriz emocional. As emoções são partes integrantes da experiência humana e são respostas naturais a diferentes situações. Cada emoção pode ser correlacionada a determinado elemento.

Madeira tem relação direta com a raiva, o ódio e a submissão. Fogo, com a agitação, a fala, o discernimento, a alegria e a euforia. Terra tem como emoções predominantes a preocupação, a falta de memória e a ansiedade. Metal tem ligação com a tristeza, a angústia e a frustração. E a água se relaciona com a força de vontade, o medo e o pânico. Da mesma maneira a que a MTC se baseia na relação dos cinco elementos com as emoções e a saúde, a teoria das 5 Leis Biológicas do Dr. Hamer também correlaciona as emoções à saúde. Ambas as teorias buscam o estado de equilíbrio físico, químico e dinâmico que nos proporciona saúde: a chamada homeostase.

Outra semelhança entre essas teorias é que elas atestam que as chamadas enfermidades ou doenças **não** são o resultado de um mau funcionamento do organismo, mas um ajuste para ajudar o indivíduo a sobreviver durante períodos de conflito e resolução. Sendo assim, toda enfermidade é uma solução biológica para um conflito emocional; a doença não existe, é uma adaptação do corpo e do cérebro diante de um perigo que representou um risco à sobrevivência e tenta colocar o corpo em perfeito equilíbrio.

Como trabalho com essas duas ciências, percebo algumas singularidades e a fusão entre elas. Descreverei aqui o caso de uma paciente no qual pude observar o sinergismo entre ambas as ciências e aplicá-las conjuntamente para obter um melhor resultado.

Lia me procurou com dores de cabeça, dores nos pés – mais especificamente no tornozelo – e problemas gastrointestinais. Após análise, percebi que todas as dores tiveram início juntas e a cada dia elas pioravam. Além de sentir essas dores e esses desconfortos, a paciente estava passando por um momento desafiador no casamento e se sentia totalmente perdida e sem direção, tanto na parte profissional quanto na parte emocional.

Resumidamente, os tornozelos são as articulações que realizam a mudança de direção. As dores nesse local significam uma desvalorização por não ser capaz de seguir um caminho, uma nova mudança de direção de vida. As dores de cabeça estão relacionadas com a percepção de não se sentir apta, de não ter intelecto para resolver algo; são dores de desvalorização intelectual. As dores gastrointestinais podem estar ligadas a questões indigestas e situações difíceis de digerir. Essas dores que acometem o corpo são informações dos problemas percebidos e vividos pela paciente.

Ao trazer esse contexto para a história dela e a fazendo refletir sobre quando essas dores começaram e quando se intensificaram, ficou mais fácil ver o que tinha que ser feito e ressignificar tudo que ela estava vivendo. Todo sintoma conta uma história, um trauma vivido lá atrás ou que está sendo vivido agora, e é para isso que precisamos dar novos significados às emoções envolvidas. É importante ressaltar que o sintoma que aparece está relacionado com a percepção perante o evento vivido e a forma com que cada um o sentiu, pois cada indivíduo pode senti-lo de uma forma diferente.

As 5 Leis Biológicas são fonte de autoconhecimento, porque os sintomas são guias que nos levam a uma emoção inicial muito precisa. Na acupuntura, é no pé que se inicia o principal ponto do elemento água, o meridiano do rim. O rim tem relação com o medo, a força de vontade e o pânico. Portanto, um paciente que se queixa de problemas com dores articulares pode ser tratado com pontos do meridiano do rim; ao estimular os pontos, acessa-se uma via poderosa de comunicação com o corpo, especialmente quando a matriz emocional se encontra em deficiência. Na MTC, o meridiano está profundamente associado à energia vital, à força interior e à resiliência emocional. Esse meridiano não apenas governa aspectos físicos, como a saúde dos rins e dos ossos, mas também reflete nossas emoções mais profundas, como o medo, a insegurança e a capacidade de enfrentar desafios.

Ao ativar pontos específicos nesse meridiano, envia-se um sinal ao corpo para nutrir e equilibrar essa matriz emocional, estimulando o fluxo de energia vital (Qi), o que ajuda a restaurar a harmonia interna. Quando essa energia está em equilíbrio, temos mais força emocional e física para lidar com os obstáculos da vida e, assim, a cura torna-se mais acessível em todos os níveis.

Essa abordagem, que une o corpo e a emoção por meio da acupuntura, é poderosa, pois permite ao corpo lembrar sua própria capacidade de regeneração e bem-estar. A aplicação dos pontos de acupuntura no meridiano do rim se torna, então, uma ferramenta para fortalecer a resiliência emocional e física, reativando o poder do corpo de se equilibrar e de se fortalecer a partir de dentro.

Integrar as 5 Leis Biológicas com a MTC é uma abordagem verdadeiramente completa e transformadora. Ao trazer a informação das 5 Leis, ajudo o paciente a entender a origem emocional e histórica dos sintomas, proporcionando um reconhecimento consciente de como seu corpo interpreta e responde ao mundo. Esse trabalho em sinergia oferece ao paciente uma vivência ampla e profunda da tríade corpo--mente-espírito, que facilita uma cura integral.

O fato de combinar a explicação falada e o tratamento sentido no corpo permite que o paciente acesse um novo nível de autocompreensão e autorresponsabilidade, auxiliando-o a se reconectar com seu poder interior e a cultivar harmonia entre as dimensões físicas, emocionais e espirituais. É um convite ao paciente para se tornar protagonista do próprio processo de cura e autoconhecimento, trazendo uma percepção mais clara e verdadeira de si mesmo.

Meses depois, a mesma paciente me procurou relatando que não sentia mais as dores de cabeça e nem mais as terríveis dores que vinha sofrendo no pé. Quando a questionei sobre o que havia mudado em sua vida e qual decisão havia tomado, a resposta foi: “Eu me separei e estou agora seguindo a minha vida”.

A perspectiva de que todo sintoma conta uma história transforma a forma como interpretamos a dor e o desconforto no corpo. Ao compreender o momento específico em que a dor surgiu e investigando o contexto de vida, as emoções e a percepção diante do evento, somos capazes de ver a dor não como um obstáculo, mas como uma mensagem do corpo, um reflexo da nossa experiência.

Ao observarmos essa cronobiologia – isto é, a linha do tempo e o contexto em que os sintomas aparecem –, percebemos que o corpo age com uma inteligência própria, que registra nossos conflitos e desafios e nos convida a um processo de ressignificação. Essa mudança de percepção envolve olhar para o sintoma com empatia e entendimento, compreendendo que ele nos orienta a reconhecer e lidar com o que precisa ser resolvido.

Esse olhar não se resume à eliminação da dor, mas à gratidão pelo papel que o corpo desempenha ao nos fortalecer. Ao integrar essa visão, passamos a encarar o processo de cura com um senso de crescimento, reconhecendo que cada experiência nos ensina, fortalece e prepara para novos desafios. A gratidão, então, se torna uma prática essencial, porque reconhecemos que até os momentos difíceis contribuem para nossa evolução e resiliência.

E através dessa minha percepção, deixo aqui o meu profundo agradecimento a todos os meus mestres que passaram pela minha vida e ajudaram a me tornar a pessoa que sou e que ainda vou me tornar nessa jornada. Para mim, exercer essa ajuda é mais do que uma profissão: é uma missão de vida. É sobre devolver às pessoas o poder de serem protagonistas de suas próprias histórias e, por um novo olhar, ajudá-las a trilhar um caminho de cura e autodescoberta.

“Quem passou pela vida em branca nuvem, e em plácido repouso adormeceu; quem não sentiu o frio da desgraça, quem passou pela vida e não sofreu, foi espetro de homem, não foi homem, só passou pela vida, não viveu” (Francisco Otaviano).

"A gratidão, então, se torna uma prática essencial, porque reconhecemos que até os momentos difíceis contribuem para nossa evolução e resiliência."

Fernanda Lima Guerra

Fernanda Savaris

Sou Fernanda Savaris , filha de Maria do Carmo e Valmor Savaris, casada com meu parceiro Cândido e sou mãe em construção da Antonella e do Giovanni.

Fisioterapeuta de formação, buscando novos entendimentos sobre os sintomas comecei minha transformação em 2014, quando conheci a microfisioterapia e, logo depois, o universo das Leis Biológicas. Hoje, o meu trabalho terapêutico se baseia nas Leis Biológicas, nas memórias celulares, no estudo do transgeracional e na Psicologia pré e perinatal.

Auxílio famílias a entenderem os sintomas de seus filhos através da compreensão do que as crianças sentem em relação ao que viveram e como se expressam por meio de suas emoções, seus comportamentos e seus sintomas físicos. Além disso, oriento mulheres a terem confiança em si e na maternidade, melhorando as suas relações.

fernandasavaris.terapia

+55 (44) 99143-1250

fersavaris@gmail.com

12 OS SINTOMAS HERDADOS: DA CONCEPÇÃO PARA A VIDA

Por Fernanda Savaris

Ao esperar um bebê, há toda uma preparação; antes da gravidez, os pais já começam a pensar e reorganizar suas vidas: trabalho e finanças, a necessidade de mudar de casa ou de emprego etc. Alguns começam a cuidar da saúde física, buscam consultas e orientações para o período pré-natal.

Após o resultado positivo, tudo isso se intensifica: as consultas pré-natais, os cuidados e as preocupações com a saúde da mãe e do bebê; a organização da casa, do quarto, do enxoval; a ansiedade quanto ao sexo do bebê e a cada exame a expectativa para saber se está tudo bem e se o bebê está se desenvolvendo dentro da normalidade.

Também podemos citar as preocupações de cada um dos pais: insegurança e medo do parto, as histórias familiares que se ouviram, o receio de não dar conta de tudo. É uma sensação maravilhosa e, ao mesmo tempo, assustadora por ser um mundo novo, mesmo para quem já tem filhos; é algo que sempre irá mudar a rotina e a dinâmica familiar. E mesmo pais que não planejaram antecipadamente a gestação, ao se depararem com o resultado positivo, passam por momentos de replanejamento de vida. Aqui, incluo também mães solo, que terão inúmeras preocupações e talvez não tenham com quem dividi-las.

O fato é que gerar uma vida significa passar por uma grande transformação, que vai muito além do físico; é uma transformação mental e emocional – sem falar aqui do espiritual, que não será a temática deste breve capítulo.

E todas essas transformações também são sentidas pelo bebê desde o primeiro instante de vida (concepção); assim como ele sente que está sendo bem nutrido e tem condições de se desenvolver fisicamente porque sua mãe é saudável, ele também sente a preocupação e o estresse dessa mesma mãe e de tudo que acontece no ambiente em que ela e o seu pai vivem.

Ele está fundido com a mãe e com o ambiente do útero antes de nascer e durante o início da infância. É preciso enxergar os bebês de maneira diferente: a sua capacidade de sentir não depende apenas do seu desenvolvimento cerebral (McCARTY, 2013).

Apesar de termos ainda pouco material que fale sobre esse início da vida, os estudos da Psicologia pré-natal e perinatal têm se desenvolvido nos últimos vinte anos (no Brasil, é ainda muito recente) e vêm comprovar que não precisamos da maturidade cerebral para sentir; aliás, a título de curiosidade, as emoções não estão impressas no córtex cerebral e, sim, na sua parte mais antiga, no nosso cérebro reptiliano, que é a parte mais ativa nesse início de vida.

Bruce Lipton nos ensina que as nossas células são guiadas pela percepção que elas têm do ambiente ao seu redor desde o início da vida: "Quando percebem que o ambiente é seguro, elas se desenvolvem. Quando percebem que não é seguro, apenas sobrevivem".

Se os bebês vivem, percebem e sentem toda essa realidade do ambiente e dos pais (principalmente da mãe), podemos entender que eles já nascem com as percepções e as crenças aprendidas no útero e que vão sendo moldadas e validadas no decorrer dos primeiros anos de vida pelo ambiente em que se vive e pela fusão com sua mãe e o modelo do seu pai, na busca de se moldar e se adaptar ao que vive.

"Ressonamos com os estados de ser da nossa mãe e do ambiente e podemos imprimi-los como nossos padrões para a vida desde o primeiro instante de vida" (Bruce Lipton).

O cérebro não difere entre o que imaginamos e aquilo que é real e tudo é sentido e vivido de maneira real por esse novo ser. Se uma mãe sentiu medo de perder seu bebê na gestação, mesmo que tudo esteja correndo bem, o bebê também sentirá esse mesmo medo.

Os medos das mães na gestação podem ter inúmeras origens e causa: perdas anteriores, dificuldade em engravidar, medo do parto, alguma doença sua na gestação ou algum perigo em relação ao bebê, preocupações em relação a cuidar da criança, medo de ser abandonada pelo parceiro ou não se sentir protegida por ele. Ou, ainda, medos inconscientes que reaparecem durante a gestação e que podem estar relacionados a memórias gestacionais e/ou transgeracionais: histórias de bebês prematuros, mortes de bebês ou de mães no parto. Enfim, todo esse programa instalado na mãe pode ser transmitido ao bebê.

E mesmo situações que são vistas como normais para um adulto podem impactar o bebê, que as vê como um perigo. Volto ao exemplo da mãe que se sente insegura, desprotegida durante a gestação: para ela, isso já pode ser uma rotina ("Não posso contar com ajuda de ninguém", "Tenho que dar conta sozinha"), mas para o bebê a percepção da mãe estar sozinha e sobrecarregada pode ser vista como um perigo à sua vida, pois quem irá cuidar dele se ela faltar? Devemos considerar também o estresse rotineiro do trabalho ou no ambiente familiar, as perdas e os lutos vividos na gestação, entre outros fatores.

Além disso, precisamos levar em conta o nascimento em si dessa criança: se foi um parto humanizado, se foi agendado e retirado antes da hora, se ela foi afastada da mãe ao nascer (mesmo que por poucos segundos), se houve alguma complicação com a mãe ou o bebê (UTI, internações ou separações, mesmo que por poucas horas). Eu me recordo aqui de muitas mães me falando que tudo deu certo durante o parto – realizado por cesárea, porque tinham medo do parto natural ou por alguma outra decisão corriqueira –, e que, logo ao nascer, o bebê ficou separado da mãe por alguns minutos – porque o bebê não chorou, ou porque estava com o cordão enrolado, ou mesmo pela rotina hospitalar –, mas que, depois, tudo correu bem e logo ela recebeu o bebê.

Ao observar estes relatos, principalmente na visão do bebê, que acabou de chegar ao mundo, percebemos que não há nada de normal e acolhedor aqui, e todas estas interferências e intercorrências já deixam memórias de um nascimento difícil, no qual há medo, insegurança e sensação de estar sozinho. E então vemos crianças com queixas de medo de se separar da mãe, dificuldade em dormir; medo e preocupações em excesso; crianças que não têm iniciativa ou não fazem nada sozinhas; dificuldade de adaptação a novos ambientes, como a escola. E, ao se afastar da mãe, a criança fica doente, com sintomas respiratórios, alergias... Enfim, tudo fala da sua história, de como essa criança percebeu a vida.

Criamos a nossa realidade através do que pensamos. E os bebês vivem e sentem essa realidade que criamos como certa e única. O modo como uma criança chega ao mundo – seu nascimento – diz muito da sua história e irá repercutir em toda a sua vida; pode determinar a sua confiança em si, sua autoestima e também a sua segurança em relação à vida, seus projetos futuros e o enfrentamento de situações difíceis. O tipo de parto, o modo como o bebê é tratado, como ele é pego no colo: tudo isso irá contribuir para a formação da sua percepção do mundo (TAMI, 2023).

Daí a importância de perceber todos os impactos que um bebê pode absorver durante a gestação, o parto e o início de vida (até pelo menos os 18 meses), principalmente da mãe pela intimidade de conexão, mas também do pai – da proteção que ele traz para essa criança e para a sua parceira. Isso sem deixar de mencionar o ambiente em que esse bebê está vivendo e as suas influências, mesmo que de forma indireta.

Sabemos que o aprendizado no início da vida é intenso e feito por observação: repete-se padrões como gestos, expressões faciais e futuras falas; agora, sabemos também que os bebês repetem os padrões mentais de pensamentos e crenças. O bebê ressoa com as crenças aprendidas e pode carregá-las e incorporá-las à sua própria existência (McCARTY, 2013).

Tudo, absolutamente tudo que foi vivido fica registrado em nossa memória (inconsciente) e em nossas células (memória celular) e os efeitos serão percebidos através de sintomas e comportamentos ao vivermos nossas próprias experiências e dificuldades (gatilhos) diante do que a vida nos apresenta.

Os sintomas nada mais são do que a manifestação de que vivemos algo e não superamos ainda a ativação de uma memória inconsciente que ainda nos acompanha.

Tudo se perpetua, mesmo que de forma inconsciente e incontrolável, até ser visto, entendido e curado.

A origem dos sintomas dos adultos também pode estar na sua gestação e no seu nascimento; a grande diferença é que adultos conseguem se comunicar e têm os recursos para buscar ajuda. Ao tratar qualquer pessoa, é preciso olhar além dos sintomas, prestar atenção no que ela diz e entender como ela pensa e se percebe em sua vida. Mas, ao cuidar de um bebê ou de uma criança, é preciso ir mais a fundo; é preciso entender o que ela diz sem falar, perceber através da sua história como ela percebeu o que viveu, entender por que ela se sentiu sozinha, com medo e impotente em relação à sua sobrevivência. Isso é muito profundo e deve ser feito sempre com a ajuda dos pais, sem julgamento, pois cada um tem sua história e seus porquês.

Uma criança precisa de cuidados essenciais de saúde, de nutrição, de casa e roupas, de estímulos; mas mais do que isso, ela precisa sentir que terá um lugar seguro e acolhedor, onde será nutrida e cuidada; ela precisa sentir que tem o seu lugar nessa família, que é bem-vinda e amada do jeito que é. "Pois eu só me desenvolvo (entenda como: crescer física e cognitivamente, dormir bem, ter o intestino regulado, ser saudável) quando me sinto em um ambiente seguro" (Bruce Lipton).

O objetivo aqui neste breve capítulo foi trazer informações de como entender os bebês e as crianças, assim como ressaltar a importância de se preparar para ser mãe e pai e a nossa responsabilidade nesse lugar.

Podemos tratar e ajudar essas crianças e jovens (a maturação cerebral termina aos 28 anos e acredito que nunca seja tarde), entendendo e validando o que sentiram e depois dando recursos para que eles entendam que o ambiente em que vivem é seguro e que eles são amados e protegidos.

Quando se fala em bebês e crianças, é importante ressaltar que eles ainda não são entendidos em sua fala, mas em seus sintomas e comportamentos, e entender essa comunicação é validar o que eles sentem. Esse trabalho deve ser feito junto com os pais e, conforme vão se desenvolvendo, esses bebês e crianças participam de maneira mais verbal nos atendimentos; mas não se enganem, eles comunicam o tempo todo o que sentem e vivem, basta aprendermos a ouvi-los.

Espero, de coração, ter contribuído de alguma forma.

Referências bibliográficas

McCARTY, W. A. *O extraordinário mundo interior dos bebês*: do útero ao berço: os novos horizontes da psicologia pré-natal e perinatal. São Paulo: Cultrix, 2013.

LIPTON, B. *Bruce H. Lipton, PhD*. Página inicial. Disponível em: www.brucelipton.com. Acesso em: 8 dez. 2024

TAMI, O. *A linguagem invisível das crianças*. São Paulo: Ofício das Palavras, 2023.

*"Tudo se perpetua,
mesmo que de
forma inconsciente e
incontrolável, até ser
visto, entendido
e curado."*

Fernanda Savaris

Gabriela Darbra Saback

Sabe aquelas pessoas que amam seu nome? Essa sou eu. Gabriela, nascida e criada em Salvador/BA, baiana nata, assim como sagitariana, com alma e sol e mar, onde me conecto e reconecto com a minha individualidade semanalmente. Filha, irmã, amiga, esposa, mãe e terapeuta. Vou me dividindo bem entre os meus diversos papéis.

Apaixonada pelo ser humano desde muito cedo, entrei no meu processo de autoconhecimento ainda na adolescência. Formada em Fisioterapia há quinze anos, especializada em Microfisioterapia e nas Leis Biológicas, e pós-graduada em Psicoterapia e Medicina Funcional Integrativa, somo mais de quatro mil horas de atendimentos, em que olho meu paciente como um todo, e não como parte.

Tenho como lema de vida: o meu propósito é ajudar você no seu caminho.

dra.gabrielasaback

13 AS LEIS BIOLÓGICAS COMO FERRAMENTA DE TRANSFORMAÇÃO

Por Gabriela Darbra Saback

Vou começar com uma frase que me define: quando olhamos para fora, nos enganamos; mas, quando olhamos para dentro, despertamos.

O processo do autoconhecimento é desafiador, às vezes dolorido; ele nos machuca, nos entristece, nos faz sentir muitas vezes impotentes diante dos fatos. Porém, quando conseguimos assimilar nossas sombras, nossos conflitos basais, entendemos que muito do que estamos vivendo hoje não começou em nós; que o que estamos vivendo hoje é uma repetição de alguma experiência do nosso clã, só que em outro cenário, e simplesmente estamos honrando padrões antigos – normativas e formas de agir do nosso clã.

E, aqui, aquela história do livre arbítrio mostra que não somos tão livres assim. No momento em que despertamos desse processo e dessas repetições, quando passamos a entender os nossos pensamentos, as nossas emoções e os nossos comportamentos, a transformação começa a acontecer. E, então, vemos que nada, absolutamente nada, é aleatório; tudo passa a se encaixar, como em um enorme quebra-cabeça.

Por exemplo: aquela pessoa que tem dificuldade em prosperar e que, através do entendimento das Leis Biológicas, identifica que está honrando um antepassado que perdeu tudo, passa a ter um novo entendimento da própria vida; então, muitas fichas passam a cair. E, sim, só o simples fato de o cérebro saber a informação correta faz tudo mudar. Saber a causa-raiz do problema é um dos grandes pontos das Leis Biológicas: entender o que houve e a partir da experiencia passada ter a possibilidade de mudar a percepção do momento presente, para que possamos alcançar o futuro que desejamos.

Quando trabalhamos com as Leis Biológicas é muito importante perceber quando o sintoma começou, para, a partir daí, ir em busca da causa-raiz, que provavelmente está antes ou muito antes do início da sintomatologia. Quando temos o surgimento do sintoma, este pode ser apenas um trilho do conflito basal. Quando se reconhece o momento em que se desencadeia o sintoma, temos a possibilidade de olhar e entender além. Sabe aquela história que o sintoma é uma conversa do seu corpo com você? Pois é, basta que saibamos entender o que ele está tentando comunicar. Nossa mente esquece, mas as nossas células guardam, como mecanismo de proteção. Na biologia, estamos nos protegendo do que representa o perigo a todo momento. Através dessa conversa, conseguimos entender que existe uma necessidade de mudança. Se adoecemos pela vida que estamos levando, precisamos olhar para dentro e perceber que não basta somente ir à farmácia e se remediar; precisamos ir em busca do entendimento do que o sintoma está tentando comunicar.

Entre os conflitos existentes, na sua grande maioria, temos o medo como pano de fundo. Medo de se separar, de ser abandonado, de não encontrar o seu lugar no mundo (para mim, esse é o campeão), de não ser protegido, de ser agredido, de ter seu território invadido e tantos outros. Mas o medo impera; e só há uma forma de solucionar essas questões: entender o conflito-raiz, onde ele se instalou e em que momento da vida: transgeracional, pré-conceptivo, concepção, intrauterino, ou uma fase da vida vivida. E quando se entende esse momento, é possível mudar a narrativa. O que seu cérebro precisa é entender a história que aconteceu, até porque ela não muda; porém, deve enxergá-la com outra ótica.

Frequentemente, escuto as pessoas falarem: “A magia acontece”. Isso muda a percepção; fichas cairão e mudanças acontecerão. No momento das minhas consultas, é comum a pergunta: “E agora? O que eu faço? Que trajeto devo seguir?”. E querem saber o que respondo? Isto: “Inicialmente, você não vai fazer nada. Você vai apenas viver”. Porque viver vai muito além do existir. O seu conflito, seja ele qual for, o deixou no congelamento da vida, em que situações que não estavam no seu controle só estavam sugando sua energia. E revivendo situações passadas, que não eram suas, com esse sugador energético, vai fazendo com que você congele na vida e só exista e não viva.

Todo dia, o sol e a lua aparecem, independentemente se queremos ou não. Nós temos a oportunidade, todos os dias, de aproveitar o ciclo dia/noite ou ficar à espera da chegada do fim de semana, das férias, da promoção do emprego, do carro do ano, da casa própria, depois da casa de praia/campo, e depois e depois... O que quero dizer com isso é que, na sua grande maioria, as queixas são muito parecidas. Sempre em busca de algo maior, melhor, tentando preencher os vazios da nossa alma enquanto seguimos apenas existindo, esquecendo que nesse caminhar há muita vida e que o viver nós fazemos acontecer todos os dias.

Na vida, nós precisamos de ação; precisamos implementar as mudanças necessárias para garantirmos a vida que tanto sonhamos desde a infância. Não iremos concretizar sonhos sem ações conscientes para alcançar os objetivos traçados. Quando conseguimos ter acesso a uma ferramenta tão maravilhosa quanto as Leis Biológicas, entendemos que, independentemente do sintoma apresentado – seja ele físico, emocional e/ou comportamental –, existe um pano de fundo que nós nem imaginamos. E que através da terapia conseguimos nos desnudar diante de nós mesmos, entendendo e integrando, e a partir daí assumindo novos compromissos e metas, abandonando o velho e se permitindo criar o novo durante o seu caminhar, com novas metas e rotas.

Não tenha dúvidas, o seu cérebro tentará se autoboicotar. Durante o processo de autotransformação, a resiliência é a nossa amiga; devemos ser firmes em relação ao novo, mantendo o foco no objetivo. E é aí que se encontra o apoio no processo terapêutico; ter esse entendimento da vida, quando se faz com apoio consciente, torna o processo mais leve e motivador.

As Leis Biológicas transformam vidas. São inúmeros os tipos de sintomas que chegam para serem tratados com a terapia. Também são inúmeras as pessoas que conseguem a remissão dos seus sintomas. Sintomas totalmente diferentes, mas com uma semelhança entre eles: o desejo da melhora, do entendimento sobre si próprio; o desejo de se conhecer e, a partir do autoconhecimento, aumentar a plasticidade cerebral para o entendimento sobre o outro. A partir de todo conhecimento adquirido sobre si, o paciente consegue entrar no processo de autotransformação. Só é possível transformar aquilo que se conhece.

Então, as Leis Biológicas servem para tudo? O que eu posso dizer é: para quase tudo. A barreira da terapia é o próprio paciente não se deixar levar pela terapia; o paciente que está rígido ou talvez não esteja preparado para esse mergulho. A remissão se dá no processo de autocura do paciente, uma capacidade inata do nosso corpo. Mas, às vezes, ou na maioria delas, o paciente vai se perdendo diante dos conflitos vivenciados e, a cada nova história (trauma), vai se colocando novas tampas (sintomas) para abafar e varrer para debaixo do tapete o que não se quer olhar (consciente ou inconscientemente).

Nascemos como um copo de água; de acordo com as nossas vivências, ele vai se enchendo e os sintomas começam a aparecer. Uns transbordam, outros não. Lembrem que somos indivíduos únicos, e na biologia, dois mais dois não são quatro. O mesmo sintoma pode contar histórias completamente diferentes, garantindo a particularidade de cada um. É exatamente por isso que o processo terapêutico é individualizado. O que vale para um, muito certamente não valerá para o outro. Não existe uma fórmula pronta. Cada organismo se comporta de uma forma totalmente diferente. Temos genética, mas ela não nos define. Nascemos com predisposições, mas quem aperta o gatilho para que elas disparem somos nós, de acordo com as nossas escolhas e com o ambiente em que vivemos.

Através da epigenética, temos a possibilidade de modular a nossa expressão gênica. Um indivíduo inserido em uma família que apresenta uma condição crônica que se manifesta em várias pessoas pode não apresentar tal condição, justamente pela possibilidade que a epigenética nos traz. E, sim, os conflitos também funcionam dessa forma. Ou nós honramos e repetimos tudo, ou não honramos dentro desse caminho de autoconsciência e cortamos o cordão. Quando cortamos o cordão, temos o entendimento, integramos memórias, escolhemos fazer diferente e, de certa forma, liberamos quem vem depois de nós.

O conhecimento é libertador. Quando não sabemos dos fatos, nós moramos na zona escura da ignorância. O que é o ignorante senão o que ignora os fatos? Quando temos o conhecimento, temos a luz da esperança. Conhecimento liberta, transforma. E essa é a proposta das Leis Biológicas: trazer luz para a vida vivida; trazer cor para o pano de fundo da história de cada um; tirar a rigidez dos pensamentos e possibilitar a flexibilidade do pensar. Histórias difíceis podem formar indivíduos difíceis, mas que ainda têm a possibilidade da mudança, do esclarecimento dos fatos. Todo o clã pregresso fez o melhor que pôde com a consciência que tinham no tempo vivido. Vivemos diariamente essa expansão de consciência. O que é hoje, amanhã já não é mais, até porque na biologia não existe certo ou errado. Tudo é certo, partindo do ponto que todo mecanismo instalado é uma forma de proteção para um perigo eminente, funcionando como um mecanismo de sobrevivência. Entender a história por trás dos sintomas liberta para uma vida vivida. A autotransformação é contínua e desafiadora, porém libertadora.

Quando assumimos o controle da nossa própria vida, preenchendo os vazios da nossa alma, temos a possibilidade de criar uma nova realidade, mais viva e satisfatória. Uma versão mais leve, forte e sem dor.

O que hoje na sua vida não está de acordo? O que você deseja transformar? O que você pode fazer hoje? O dia é hoje e a hora é agora.

Referências bibliográficas

McGAREY, G. *Uma vida bem-vivida*: os seis segredos de uma médica centenária para ter saúde e felicidade em todas as idades. Rio de Janeiro: Rocco, 2023.

WOLYNN, M. *Não começou com você*: como o trauma familiar herdado nos define e como dar um fim a esse ciclo. Rio de Janeiro: Alta Life, 2023.

"A autotransformação é continua, desafiadora e libertadora. Você em uma versão mais forte, leve e sem dor. O dia é hoje e a hora é agora."

Gabriela Darbra Saback

Gabriela Marques Louly

Terapeuta integrativa apaixonada por transformar desafios em oportunidades de crescimento. Minha jornada começou ao descobrir que meu TDAH e a tireoidite de Hashimoto não eram "problemas" a serem resolvidos, mas professores que me guiaram ao autoconhecimento. Formada em Direito, encontrei nas terapias integrativas, no estudo da Filosofia e nas Leis Biológicas meu verdadeiro propósito. Hoje, divido meu tempo entre Portugal e Brasil, ajudando pessoas a se reconectarem com sua essência através da compreensão profunda dos sinais do corpo. Autora do livro *Eu não sou o que você pensa: o TDAH como você nunca viu*, acredito que nossos maiores desafios podem se tornar nossas maiores forças quando aprendemos a escutar as mensagens por trás dos sintomas.

gabilouly

+351 910 298 174

gabrielalouly@hotmail.com

14 ALÉM DOS RÓTULOS

Por Gabriela Marques Louly

Sabe aquela sensação de que falta alguma coisa? É assim que a maioria dos meus clientes chega até mim. Carregam uma insatisfação profunda com suas vidas – alguns culpam a família, outros o chefe ou o trabalho; muitos não conseguem lidar com o peso dos seus traumas... E está tudo bem. É muito mais fácil encontrarmos culpados do que olharmos para dentro de nós mesmos e para o verdadeiro problema.

Vou compartilhar minha história, não por ego, mas para mostrar que podemos mudar nossa realidade, mesmo quando o mundo diz que não. Se eu consegui, você também consegue. E talvez, enquanto lê a minha história, você se encontre um pouco nestas palavras.

Minhas dificuldades começaram ainda na fase da escola. Era difícil eu me encaixar. Não porque eu não gostasse de aprender ou das pessoas – adorava estar com elas! –, mas ser sempre "a esquisita" do grupo doía. A adolescência veio com uma avalanche de revolta e solidão. A cobrança em relação ao que eu iria fazer profissionalmente me deixava realmente angustiada. Tudo ficou mais intenso quando meu pai deixou o emprego no Banco do Brasil para virar artesão. Ali, caiu a ficha: o trabalho define como as pessoas enxergam você. Comecei a me angustiar ainda mais com meu futuro. Na minha cabeça, precisava encontrar algo que amasse fazer, que desse dinheiro e que as pessoas respeitassem. No fundo, só queria uma coisa: que parassem de me chamar de louca.

Em 2012, consegui me formar em Direito – quem diria, né? –, mas foi durante a pós-graduação, estudando para ser promotora de Justiça, que senti que algo realmente estava muito errado. Pela primeira vez, toda minha dedicação não era suficiente para superar aquela sensação de incapacidade. Busquei ajuda. Em poucas sessões, veio o diagnóstico: TDAH.

Foi um *mix* de sentimentos: medo do desconhecido e alívio por finalmente entender que meu cérebro só funcionava de um jeito diferente. Seguiram-se cinco anos de "submissão à condição", tomando remédios controlados e sobrevivendo. Minha obsessão? Passar no concurso público. Achava que essa "vitória" seria meu passaporte para a felicidade, a prova definitiva de que eu era funcional.

Minha jornada com o TDAH me ensinou algo precioso: nosso corpo sempre tenta nos dizer algo. No início, eu via minhas "distrações" como falhas, até perceber que eram, na verdade, sinais de um cérebro que funcionava de forma única e especial – história que compartilho em detalhes no meu livro sobre TDAH. Mas o universo tinha mais lições para mim e elas vieram por meio da minha tireoide.

Essa corrida maluca para "ser alguém na vida" cobrou seu preço: desenvolvi tireoidite de Hashimoto. Até que um dia, exausta de tentar ser "normal", descobri um livro sobre neuroplasticidade que mudou tudo. Ali, estavam histórias de pessoas com lesões cerebrais graves que se recuperaram completamente, contra todos os prognósticos. Pela primeira vez em anos, senti esperança de verdade.

Mergulhei nos estudos: Filosofia, Psicologia, espiritualidade. E sabe o que descobri? Que não havia nada de errado comigo. Tinha minhas dificuldades, sim, mas também tinha qualidades incríveis, algumas justamente por causa do meu jeito diferente de pensar.

Localizada na região do pescoço, a tireoide atua como nossa "ponte" entre mente e corpo, uma verdadeira maestrina do tempo corporal. Não é por acaso que suas disfunções frequentemente se manifestam quando nossa relação com o tempo está em desequilíbrio.

O hipotireoidismo é como um convite gentil, ainda que firme, para a desaceleração. O cansaço profundo não é apenas físico – é um pedido de pausa, um chamado para reavaliarmos nosso ritmo de vida. O ganho de peso, tão comum nessa condição, carrega sua própria sabedoria: é nosso corpo criando uma camada protetora contra as pressões externas que nos sobrecarregam.

A sensibilidade ao frio, outro sintoma característico do hipotireoidismo, nos fala sobre nossa necessidade de aquecimento – não apenas físico, mas emocional. Esse sintoma pode ser um convite para buscarmos mais calor em nossas relações, mais acolhimento em nossa vida.

No caso específico da Hashimoto, o conflito ganha uma camada adicional: a autodestruição. É como uma guerra civil interna: de um lado, a parte que quer atender às demandas do mundo externo; do outro, uma parte mais profunda que se rebela. E não é coincidência que essa condição afete muito mais mulheres, constantemente pressionadas a serem perfeitas em todos os papéis.

É interessante notar como esse conflito se manifesta em diferentes fases da doença. No início, atravessamos períodos de hipertireoidismo – quando nosso corpo ainda está tentando "dar conta" de tudo, acelerando nosso metabolismo ao máximo. É aquela fase em que estamos ansiosos, inquietos, com dificuldade para dormir, perdendo peso mesmo comendo bem.

É como se nosso corpo contasse uma história em duas partes. Na primeira fase, quando nos sentimos pressionados, a tireoide aumenta sua produção – é o famoso hipertireoidismo. É como se ela dissesse: "Calma, vou ajudar você a dar conta de tudo!". Mas quando finalmente conseguimos resolver essa pressão toda (ou quando nosso corpo simplesmente não aguenta mais), entramos na fase de cura. É aí que podem aparecer aqueles sintomas chatos: um inchaço aqui, uma dificuldade para engolir ali, aqueles suores noturnos.

O problema é que muita gente não consegue completar esse processo de cura. Vivemos em uma sociedade que não nos permite parar. Quando ficamos nesse ciclo de cura-recaída-cura-recaída, podemos desenvolver o hipotireoidismo crônico. É quando nos sentimos sempre cansados, sem energia – afinal, nossa tireoide já não consegue produzir hormônios suficientes.

Foi nesse momento de profunda exaustão que a vida me apresentou um novo caminho. Sem planejar, uma viagem à Chapada dos Veadeiros mudou tudo. Em Cavalcante, hospedada na pousada de um amigo, encontrei algo que nem sabia que procurava: o silêncio. Não aquele silêncio assustador do isolamento, mas o silêncio vivo da natureza, cheio de sons sutis que nossos ouvidos urbanos desaprenderam a escutar.

Ali, observando o ritmo natural das coisas – o nascer e o pôr do sol, o canto dos pássaros, o movimento das árvores com o vento –, comecei a entender que havia perdido minha própria conexão com os ciclos naturais da vida. Vivia no ritmo frenético das cobranças, das metas, dos prazos. Meu corpo, por meio da tireoide, estava apenas tentando me reconectar com meu tempo natural.

A natureza tem essa sabedoria antiga de nos ensinar sem palavras. Cada amanhecer traz a mensagem de que podemos recomeçar. Cada árvore nos mostra que crescimento leva tempo e que cada estação tem seu propósito. Até mesmo as pedras, aparentemente imóveis, nos lembram da importância da pausa, da contemplação.

Naqueles dias em Cavalcante, cogitei criar um centro de cura natural ali mesmo, tão forte foi o impacto dessa reconexão. Mas a vida tinha outros planos. Uma oportunidade me trouxe a Portugal, onde encontrei uma forma diferente de viver essa conexão por meio do mar. As ondas se tornaram minhas professoras diárias, me ensinando sobre fluxo, sobre momentos de avançar e recuar, sobre a constância da mudança.

A cura começou a acontecer naturalmente quando parei de lutar contra meus ciclos naturais. Percebi que não precisava me forçar a ser produtiva quando meu corpo pedia descanso, nem me culpar por precisar de momentos de pausa. A natureza não se apressa – as flores não florescem mais rápido por serem apressadas, as frutas não amadurecem antes do tempo por pressão externa.

Essa reconexão pode acontecer de infinitas formas. Para alguns, é através de uma pequena horta na varanda, onde cada brotinho novo traz uma lição de paciência e cuidado. Para outros, é nas caminhadas por parques urbanos, observando como a natureza encontra seu espaço mesmo entre o concreto. Ou ainda no cuidado com um animal de estimação, que nos ensina sobre amor incondicional e presença.

A natureza está em tudo, inclusive em nós. Somos parte dela, mesmo que às vezes nos esqueçamos disso. Nosso corpo segue os mesmos ciclos – de atividade e repouso, de expansão e recolhimento. Quando olhamos no espelho, nem sempre reconhecemos essa conexão ancestral, mas ela está lá, pulsando em cada batida do coração, em cada respiração.

Quanto mais me permito viver nesse ritmo natural, mais percebo que a cura não é sobre "consertar algo quebrado", mas sobre retornar ao nosso estado natural de equilíbrio. Os sintomas, sejam do TDAH ou da tireoide, são sinais desse caminho de volta para casa, para nossa essência.

A verdadeira cura começa quando finalmente paramos para escutar essas mensagens. Não se trata apenas de tomar medicação e melhorar a alimentação – embora isso também seja importante para o processo. A cura verdadeira vem quando entendemos que nosso corpo não é nosso inimigo; ele está, na verdade, tentando nos reconectar com nossa natureza mais profunda.

A cura não é um destino, mas uma jornada, uma jornada de autoconhecimento, que nos convida a olhar para aspectos de nós mesmos que talvez tenhamos ignorado por muito tempo. Quanto mais você se permitir, se aceitar e se acolher, melhor será sua relação com a saúde. Não estou dizendo que você vai ficar imune aos sintomas, porque, assim como os problemas que acontecem nas nossas vidas, eles têm uma função, um recado a dar. E quanto mais conectado você estiver com seu corpo, melhor vai escutar essas mensagens.

Como terapeuta, a melhor mensagem que posso deixar para você é: seja você mesmo, aproveite essa vida. Aqui pode ser o céu ou o inferno – o poder está no alimento que você dá para sua mente e na coragem de escutar seu próprio corpo. A natureza está sempre nos chamando de volta para casa, basta pararmos para escutar.

*"A cura não é
um destino, mas
uma jornada,
uma jornada de
autoconhecimento."*

Gabriela Marques Louly

Jovília Valentim

Sou Jovília Valentim Silva, filha de Joaquim e Maria Sonia, natural de Mineiros/GO, onde vivo com a minha amada família: meu esposo Ulisses Batista e minha filha Valentina S. Valentim. Sou fisioterapeuta de formação e terapeuta de vocação, especializada na origem das dores. Toda dor traz emoções e histórias escondidas. A relação mente, corpo e emoção me encantou desde que descobri a leitura biológica/microfisioterapia e vi um grande universo de conhecimentos. Desde então, venho me dedicando aos estudos e à busca incessante por meios e maneiras de compreender, tratar e ajudar pessoas, e não sintomas, por meio de técnicas terapêuticas que me auxiliam no meu processo de autodesenvolvimento. Sempre busco sentir e vivenciar as técnicas no meu dia a dia. Sou uma facilitadora nesse processo e as técnicas integrativas são minha verdadeira aptidão.

joviliavalentimterapeutaemdor

+55 (64) 99943-9279

joviliavalentim@gmail.com

15 CICATRIZES INVISÍVEIS, MARCAS DE UM INÍCIO

Por Jovília Valentim

Desde o momento em que somos concebidos, nossas experiências começam a influenciar a maneira como nos relacionamos com o mundo. No entanto, é no instante do nascimento que o processo se inicia, repleto de significados e reflexões que ecoam por toda a nossa existência; é quando se dá a primeira das transições mais significativas de nossas vidas, não apenas fisicamente, mas também emocional e psicologicamente. Ao nascer, deixamos para trás um ambiente que nos permite construir as nossas próprias percepções e depois somos lançados para a separação. Esse evento, por sua complexidade e intensidade, marca nossa identidade de formas que muitas vezes nem imaginamos.

Até os 9 meses, temos uma fusão emocional com nossa mãe, recebendo as informações e o amparo de forma direta e constante. O ambiente intrauterino é o nosso primeiro lar, onde nos sentimos seguros e protegidos, aceitos ou não. Porém, a separação começa no momento em que somos empurrados, puxados para fora desse espaço. A dor do nascimento, tanto para a mãe quanto para o bebê, simboliza essa transição de total união para a total separação. Essa experiência de separação é, para muitos, o início de um padrão emocional que será repetido ao longo da vida. A forma como lidamos, percebemos e registramos essa separação pode ser a raiz da ansiedade, do medo ou da rejeição, refletindo na maneira como lidamos com todos os outros desafios que encontramos mais tarde.

O corpo humano, com toda a sua inteligência biológica, já registra no momento do nascimento as condições em que essa transição ocorre. A maneira como nascemos – o tipo de parto, o ambiente, as emoções da mãe, a presença ou ausência de apoio –, influencia profundamente como lidamos com os desafios da vida, como percebemos a dor e como nos relacionamos com os outros. Nossos primeiros momentos no mundo não são apenas uma questão de adaptação física, mas também uma adaptação emocional, energética e biológica, que vai marcar nossa história de vida.

No caso do nascimento, Dr. Hamer propôs que as dificuldades enfrentadas durante o momento do parto, como a dificuldade de respirar ou uma sensação de "sufocamento", podem resultar em problemas respiratórios mais tarde na vida. Se o bebê experimenta uma sensação de medo ou pavor durante o nascimento, como no caso de um parto traumático ou de separação precoce da mãe, isso pode gerar um conflito de sobrevivência que afeta a função pulmonar. Assim, doenças respiratórias, como asma ou bronquite, podem se desenvolver como uma forma de expressar esse conflito. O corpo carrega essas memórias de maneira física e visceral, como um pré-programa, e as repetições e as dificuldades vividas nas gestações do sistema familiar se tornam um choque biológico.

Vou citar o exemplo de uma paciente que atendi, que não se sentia amada, aceita e acolhida pela mãe e isso trazia dificuldades de se relacionar com ela e demais mulheres, levando a crises depressivas. Na sua história, o pai planejava ter outra filha, devido a perdas e medos vividos em gestações anteriores; essa mãe tinha muito medo e não queria outra gestação e na história da sua avó havia muito perigo em engravidar, pois quase morrera em trabalho de parto. Além disso, sua bisavó havia morrido por complicações dois dias após o parto. Essa paciente sentia inconscientemente uma rejeição.

Conversamos, investigamos e ela pôde ter a conscientização de que sua mãe não queria passar novamente pelos traumas e medos pelos quais sofreu no parto, mas que ainda assim ela seria bem-vinda ao lar. Com essa correção e o entendimento desses perigos vividos no período intrauterinos, além da compreensão do perigo que havia em gerar filhos vivido pela sua avó e bisavó, ela pôde se relacionar com sua mãe e outras pessoas e compreendeu que seu corpo buscava a solução sentindo essas dificuldades.

Outro exemplo: uma criança, a segunda gestação de um caso pós-aborto, apresentou bronquite aos sete meses de vida; ela estava revivendo o perigo de vida e morte que a mãe sentiu na sua primeira gestação. Essa mãe teve um aborto espontâneo durante sétima semana de gestação e o corpo dessa criança fez uma reparação, levando à pneumonia. Com a coerência dessa informação, ela pôde passar com mais tranquilidade pelos sintomas de bronquite.

Assim como o medo ou a sensação de sufocamento que um bebê pode sentir durante o parto, ou até a dificuldade de se adaptar à separação da mãe, pode vir da sua percepção no parto, a dor na cabeça, ou a pressão na cabeça, pode representar um sentimento de impotência intelectual, vindo do fórceps no momento de sua chegada ao mundo.

As terapias integrativas têm se tornado uma chave fundamental, junto à leitura biológica, no processo investigativo e reparador para ajudar as pessoas a ressignificarem e mudarem esses padrões. Ao compreender que os sintomas não são problemas a serem corrigidos, mas mensagens que o corpo envia sobre um evento biológico na tentativa de corrigir o evento traumatizante, podemos começar a trabalhar de forma mais eficaz na liberação dessas dificuldades. Isso nos permite ir além do alívio imediato da dor, trazendo uma transformação coerente profunda e duradoura.

É preciso entender que o corpo, como um todo, é guardião da nossa história. Cada dor, cada desconforto, cada dificuldade emocional ou física carrega em si uma narrativa que remonta desde a vida intrauterina até o nascimento. Os sintomas não são apenas respostas de defesa, mas manifestações de um pedido de atenção, uma busca por compreensão e reparação. Quando olhamos para nossos sintomas com esse olhar mais atento, compassivo e investigativo, podemos perceber que estamos, na verdade, tratando de um capítulo da nossa vida que nunca foi totalmente compreendido ou curado.

Atendi um rapaz de 25 anos cuja queixa era de não ter prazer na vida; estava sempre tentando agradar a todos, principalmente a mãe, sempre triste e em busca constante de cursos e eventos para tentar se preencher, com dificuldades de se conectar com as pessoas e se sentindo fechado em seu próprio mundo. Esse comportamento foi uma solução que seu mecanismo biológico encontrou e que resultou de um evento advindo ainda do período gestacional. Através do processo, ele

POR TRÁS

descobriu que durante toda sua gestação sua mãe pensou estar esperando uma menina; quando o bebê nasceu e o médico foi entregá-lo à mãe, ela disse que não era dela, pois ela havia gestado uma menina.

Assim, o paciente pôde compreender também como ele era mais delicado, tal qual uma menina. Ao integrar essas experiências iniciais e reconhecer como a vida intrauterina e o nascimento, e suas consequências, formaram a sua identidade, ele pôde compreender a solução que seu corpo encontrou como resposta a esses bloqueios, bem como os seus efeitos. Isso reflete como lidamos com as transições e as mudanças, seja de emprego, autonomia ou autoaceitação, e tudo que se refere a separações, para enfim podemos dar continuidade a nossas vidas.

Compreender esse processo, sentido através da percepção da criança, que é muito diferente da perspectiva dos pais, mostra como as experiências variam de indivíduo para indivíduo. A mãe pode não ter sentido ou vivido uma experiência cuja percepção será diferente para a criança, o que acaba moldando as bases dos programas biológicos registrados no corpo; esses programas biológicos devem ser vistos como formas de comunicação do corpo e não como inimigos a serem combatidos. Ao integrarmos essas experiências, podemos, finalmente, transformar a dor ou a dificuldade em uma força criativa, que nos guia para uma versão mais inteira e equilibrada de quem somos.

A técnica proposta por Dr. Hamer serve para resolver esse tipo de conflito biológico, permitindo que o corpo entenda a solução que ele traz como o reconhecimento e o ressentir das emoções que foram bloqueadas ou reprimidas no momento em que o trauma ocorreu. Isso significa que o indivíduo precisa acessar as emoções associadas ao primeiro evento traumático, seja ele medo, sensação de abandono ou sensação de desamparo experimentada no nascimento, podendo, assim, reprogramar e compreender sua percepção e sua consciência.

Que as mães enfrentem os desafios da gestação sem culpa, pois suas percepções são diferentes das do bebê. Durante a gravidez, elas não apenas nutrem uma nova vida, mas também revivem, muitas vezes de forma inconsciente, os seus próprios conflitos e as emoções não resolvidas na infância. Cada sentimento de medo, ansiedade ou insegurança que elas carregam pode, em algum nível, se refletir no ambiente que criam para o bebê. No entanto, é essencial compreender que essas experiências emocionais sozinhas não definem o futuro da criança, mas fazem parte de um processo profundo de autoconhecimento. Ao reconhecerem seus próprios desafios e os ressignificarem, as mães podem viver a gestação com mais leveza, permitindo que o vínculo com seus filhos seja mais saudável e equilibrado.

Ao fazer isso, a pessoa ressignifica a experiência emocional, permitindo que o cérebro e o corpo entendam que o evento passou e que não há mais ameaça. Esse processo de conscientização e liberação emocional ajuda o corpo a se alinhar com a verdadeira percepção do evento, transformando a informação que estava bloqueada e permitindo que a cura aconteça de forma natural.

Qual emoção você sentiria em saber nesse exato momento que seria mãe ou pai? O que você sabe sobre o que aconteceu quando foi gestado? O que você sabe a respeito da sua história? E dos seus ancestrais? Como a relação com sua mãe pode ter afetado sua saúde emocional?

Nosso corpo carrega não apenas os sintomas físicos, mas também as emoções e experiências não processadas, aguardando que possamos olhar para elas com consciência e cura.

Busque saber sua história; tente entender o conflito biológico e compreender a emoção para corrigir a informação no seu corpo. Se precisar, eu e as técnicas podemos auxiliar você nesse processo. *Bora*? O caminho é simplesmente investigar para dentro.

“Nosso corpo é o guardião da história não contada, mas sentida em cada sintoma que pede para ser reconhecido.”

Jovília Valentim

Lirra Carolina

Sou Lirra Carolina, natural de Curitiba/PR, apaixonada pela natureza e por viagens.

Sou biomédica, acupunturista, escritora, terapeuta e professora de Germânica Heilkunde há nove anos. Participei ativamente de pesquisas acerca de novas descobertas da Germânica Heilkunde, na Áustria, com o mestre Michael Loidl, que foi aluno direto de Dr. Hamer (desenvolvedor da GH), e sou intérprete em cursos internacionais.

A vida me testou de várias formas; uma delas foi com tumores nas mamas, que superei e pude sentir na pele que é possível tomar as rédeas da minha saúde através do autoconhecimento. Com esse desafio, pude encontrar minha missão de vida, que é o de levar esse conhecimento para o máximo de pessoas possíveis, para que possam se beneficiar.

*lirracarolina_*

lirracarolina@gmail.com

A HISTÓRIA POR TRÁS DOS SINTOMAS

16 A DOR TRAZENDO A COMPREENSÃO PARA A RESOLUÇÃO

Por Lirra Carolina

Nada é por acaso e, quando digo nada, eu me refiro também aos nossos sintomas. As leis da natureza e as leis da Física de ação e reação nos provam isso. Quando nos deparamos com alguma doença ou manifestação física que não é tão confortável, tendemos a achar que há algo de errado com o nosso corpo e que devemos lutar contra a doença ou o sintoma. Mas pense comigo: se a natureza faz de tudo para que a gente sobreviva (e perpetue a espécie), por que o nosso corpo manifestaria algo para nos prejudicar? Não faz sentido. Então, por que estamos sempre lutando contra o nosso corpo e, consequentemente, vivendo com medo dos sintomas? Porque assim nos foi ensinado, mas isso vai contra a nossa própria natureza.

A melhor história por trás dos sintomas que eu já conheci foi a do médico alemão Dr. Ryke Geerd Hamer, que desenvolveu um câncer após um choque dramático, inesperado e vivido em solidão: a perda de seu filho Dirk ainda jovem. Dirk foi baleado e depois de várias cirurgias e meses no hospital, faleceu nos braços de seu pai.

Dr. Hamer sempre foi muito saudável e depois de desenvolver o tumor, ele começou a perguntar para seus pacientes se, antes deles desenvolverem tumores, havia acontecido algo impactante em suas vidas e a resposta foi unânime: sim. A partir de então, ele começou suas pesquisas e descobriu as 5 Leis Biológicas, que resumidamente dizem que as doenças ou os sintomas que nosso corpo manifesta nada mais são do que respostas especiais da natureza com sentido biológico;

ou seja, nosso corpo produz respostas para nos ajudar a resolver o conflito vivido. Quando o conflito é resolvido, nosso corpo se regenera.

O conflito biológico é algo que acontece de forma inesperada e dramática (forte impacto emocional) e é oriundo de um trauma vivido quando nos sentimos isolados. A partir desse momento, nosso corpo libera uma série de substâncias, como cortisol e adrenalina, por exemplo, para nos ajudar a lutar ou fugir. Então, nossas extremidades ficam mais frias, porque o sangue está mais concentrado nos músculos; não dormimos direito, não sentimos tanta fome e pensamos constantemente no problema. Muitas vezes, não manifestamos nenhum sintoma, como dor ou algo assim. Essa resposta que nosso corpo produz é justamente para nos ajudar a ficarmos mais ativos, para encontrarmos uma solução para o problema o mais rápido possível. Aqui estamos no que chamamos de fase fria, ou fase ativa.

Quando resolvemos o conflito, toda nossa fisiologia se altera novamente e entramos na fase quente, ou fase de resolução. Todo o estresse vivido durante a fase ativa agora precisa ser regenerado. Nossas extremidades voltam a ficar quentes, nos sentimos mais cansados, sonolentos e com mais apetite; é aqui que os sintomas começam a se manifestar e tendemos a achar que há algo de errado conosco. Mas não está.

A inflamação acontece nesse momento e é um processo natural de reparo do nosso organismo. Ela apresenta quatro sinais importantes: rubor e calor (por causa do aumento da circulação sanguínea para trazer nutrientes e oxigênio para o local), edema (para proteger de choques mecânicos) e dor (para sinalizar o corpo de que o local está regenerando e não pode ser injuriado). E aqui, por estar doendo e com esse aspecto de vermelhidão e inchaço, tendemos a achar que algo está errado. Por exemplo, quando fazemos um corte na nossa pele, primeiro vai inflamar para depois cicatrizar. O mesmo acontece com os demais órgãos e tecidos do nosso corpo.

Os órgãos e tecidos do corpo apresentam um padrão de resposta em fase ativa e em fase de resolução. Ou seja, alguns órgãos proliferam células em fase ativa para aumentar a função e há uma degradação dessas células na fase de resolução. Já outros tecidos perdem células na fase ativa ou diminuem sua função, depois há a reposição dessas células e o retorno da função na fase de resolução. Às vezes, esse reparo pode ser feito com o auxílio de microrganismos que estão em simbiose com o nosso corpo. E tudo isso acontece com o propósito biológico de nos ajudar a resolver ou a superar o conflito vivido. Quando entendemos as leis biológicas e como o nosso corpo realmente funciona, podemos fornecer as condições necessárias para ajudar nosso corpo a se regenerar, mas sem interferir no curso natural do programa biológico.

Quando eu tinha 23 anos, desenvolvi tumores nas mamas. Em um exame de rotina, a médica me notificou que eu estava com dois nódulos na mama esquerda e um na mama direita. Aquilo foi um choque para mim. Ela disse que precisávamos acompanhar bem de perto, pois poderia ser perigoso. Eu senti muito medo e sei que é esse o sentimento de quase todos que recebem um choque de diagnóstico. Fui para casa e chorei muito. Não sabia o que fazer, imaginando como seria o tratamento; se teria que fazer cirurgia ou passar pelo terrível processo de quimioterapia. Foram dias sombrios, sem dormir e de muito medo.

O ano de 2017 foi um dos mais desafiadores para mim. Em abril, eu perdi a minha avó, que era tudo para mim. Ela fez uma cirurgia cardíaca, ficou onze dias inconsciente na UTI e nunca mais voltou. Eu fiquei muito preocupada com ela, querendo que ficasse bem logo para que pudéssemos cozinhar juntas e confidenciar coisas da vida até de madrugada como costumávamos fazer. Que saudades, vovó! Lágrimas escorreram aqui enquanto escrevia. Ela faz parte das minhas mais doces lembranças.

Nesse mesmo ano, tive um aborto espontâneo. No dia 2 de julho, recebi a notícia do falecimento do Dr. Hamer e, no dia seguinte, perdi meu gato, o qual considerava um filho. Tudo isso foi um choque para mim. Meses depois, eu comecei a sentir um caroço na mama direita; quando fiz o exame, em dezembro, descobri os tumores.

Após a morte de Dr. Hamer, passei a me lembrar das Leis Biológicas e isso me ajudou a passar pelo momento mais sombrio, que foi quando recebi o diagnóstico do tumor. Eu havia feito o curso de Germânica Heilkunde dois anos antes de descobrir o tumor. Nesse momento, eu passei a enxergar a luz no fim do túnel, pois toda manifestação que nosso corpo tem não é por acaso. Então, eu fui estudar mais as Leis Biológicas e descobri que aqueles tumores tinham relação com o que eu havia vivenciado naquele ano.

Segundo os estudos de Dr. Hamer, as glândulas mamárias respondem a conflitos de perda e preocupação com o ninho. Foi exatamente o que eu vivi. Perdi um bebê, um gato e fiquei preocupada com a minha avó. E eu desenvolvi exatos três tumores: dois na mama esquerda – que, por eu ser destra, é o lado que responde a conflitos relacionados com mãe e filho (o bebê e o gato) – e um na mama esquerda – o lado que representa pai, parceiros e todas as outras pessoas que não são mãe e filhos (avó). A precisão da Germânica Heilkunde me impressiona.

Quando perdi meu gato, postei uma foto no Facebook e um longo texto, cuja última frase era: "Para muitos apenas um gato, mas, para mim, um filho". Um colega de classe do curso de GH leu e veio falar comigo e eu contei a ele sobre o tumor, e ele disse o seguinte: "Você sabe que isso não vai te matar, né? Eu estou aqui para o que der e vier". Eu digo que essa "simples" frase salvou a minha vida, porque me senti conectada, amparada e aliviada por ele me relembrar disso. Somos mamíferos e precisamos da conexão e interação uns com os outros, para que nos sintamos seguros e consigamos nos recuperar.

Sabendo disso e relembrando o que devemos fazer para ajudar nosso corpo no processo de regeneração, busquei resolver os conflitos o mais rápido possível. Você deve estar se perguntando: mas como assim, Lirra? Quando vivenciei a preocupação com minha avó e as perdas, meu cérebro percebeu o contexto do conflito (perda e preocupação) e uma marca se formou lá no cerebelo na área que controla as glândulas mamárias. Imediatamente, o cerebelo enviou uma informação para as mamas para proliferar mais células para produzir mais leite para nutrir um novo filho (para ajudar a resolver a perda) e também nutrir minha avó para ela ficar bem logo. Essa reação é uma resposta primitiva do nosso corpo, que acontece para nos ajudar a resolver o conflito mais rapidamente.

Na natureza, a perda é resolvida tendo um novo filho (no meu caso, adotei outro gato para substituir ou repor a perda). Depois da adoção do gato, eu fui sublimando o luto em relação à vovó e ao bebê; meu cerebelo percebeu, então, que agora estava tudo bem e o conflito, resolvido, e enviou outra informação lá para as mamas para degradar as células extras, pois elas não eram mais necessárias, já que o conflito havia sido resolvido. E assim foi.

Seis meses depois, dando ao meu corpo o que ele precisava para se regenerar, me alimentando bem e descansando, fiz o exame novamente e não havia mais nenhum dos tumores ali. A médica ficou surpresa e perguntou o que eu tinha feito; eu perguntei se ela conhecia a Germânica Heilkunde e ela disse que não, então eu a expliquei e ela ficou fascinada.

Então agora eu lhe pergunto, caro leitor: você conhece a Germânica Heilkunde? Se não, eu o convido a conhecer mais a respeito, pois esse conhecimento pode salvar vidas e dar mais autonomia sobre o corpo. Entender o que e por que você está manifestando tal sintoma ou doença pode fazer com que você tome as rédeas da sua saúde, além de ser um convite para o seu desenvolvimento pessoal. Pois, muitas vezes, nossos conflitos são com as pessoas, e para resolvê-los precisamos olhar para o problema, ter conversas difíceis, pedir perdão ou perdoar alguém, e isso é desafiador, eu sei, mas é assim que nos desenvolvemos e nos tornamos melhores.

Para mim, a Germânica Heilkunde é muito mais do que um conhecimento que nos possibilita entender nossa biologia; é termos, por meio da doença ou sintoma, a possibilidade de olhar para o que aconteceu na nossa vida, para o que fez o nosso corpo responder daquela forma; é também um convite para o desenvolvimento pessoal, que é tão importante para que possamos nos transformar em pessoas melhores e, consequentemente, tornar o mundo melhor.

"Germânica Heilkunde
é muito mais do que
um conhecimento
que nos possibilita
entender nosso corpo,
é um convite para
o desenvolvimento
pessoal."

Lirra Carolina

Louise Bresolin

Sou Louise Bresolin, fisioterapeuta de formação. Iniciei meus estudos, compreendendo a importância de olhar o ser como um todo, há mais de vinte anos, com a formação em Acupuntura. Encantada com essa maneira de ver o mundo e suas influências sobre a nossa biologia, estive imersa em estudos na China, em 2008. A microfisioterapia e as Leis Biológicas chegaram depois desse período, de um tempo de recolhimento e orações para Deus direcionar o meu caminho. Foi amor à primeira vista! Poder entender o quanto estamos integrados em tempo e espaço foi abrindo caminhos dentro da minha formação. O homem, a natureza, o passado, o presente e todas as nossas experiências deixam marcas que, se não vistas, trilharão o caminho do adoecimento.

#sejapelocorposejapelamente

clinicasmeraldi

louise.bresolin

+55 (41) 99800-0104

17 CICLO CELULAR MEMORIZADO E O DESPERTAR DE UMA CURA

Por Louise Bresolin

Este capítulo começou a ser escrito há mais de vinte anos, quando fui apresentada à Medicina Chinesa e à intrínseca relação entre o universo, o homem e a natureza. Naquela época, eu não sabia que aqueles seriam os primeiros passos dentro de uma medicina que analisa o ser em sua totalidade e compreende como as leis universais influenciam nossa biologia em uma incessante busca pela vida.

Entre as sete leis herméticas do universo, a Teoria da Sincronicidade sempre me encantou. Desenvolvida pelo psicólogo Carl Jung, ela descreve a interconexão entre eventos externos e estados internos da mente sem uma relação causal aparente. A sincronicidade é a experiência de dois ou mais eventos que coincidem de forma significativa para a pessoa que os vivencia, sugerindo um padrão já pré-existente de eventos conectados linearmente e simbolicamente.

Nas Leis Biológicas, essa teoria se assemelha ao Ciclo Celular Memorizado. Diante de eventos inesperados e graves, são ativados programas biológicos de sobrevivência que impactam de forma simultânea três níveis: **mente**, **cérebro** e **órgão**. A sensação percebida ativa um ou mais programas biológicos que afetam tanto o cérebro quanto o órgão. O cérebro registrara todos os elementos daquele cenário para alertar o indivíduo de perigos futuros, criando memórias emocionais e corporais. Muitos estudos em neurociência também demonstram a estreita relação entre cérebro emocional e corpo. Essa compreensão nos permite voltar à origem da doença e ressignificar experiências traumáticas que mantêm nossa biologia presa a memórias de extrema vulnerabilidade no passado. É importante ressaltar que quanto maior a dependência do filhote (infância), maior será o impacto do trauma sobre o corpo e a mente.

O que compartilho neste capítulo é o relato da minha experiência de observar meus sintomas e, a partir dessa compreensão, ressignificar o meu presente. Os desafios que enfrentamos nos convidam a olhar profundamente para dentro de nós, buscando tanto transformar experiências dolorosas quanto romper projeções herdadas da infância, para nos reconectarmos com a nossa essência. Eu convido você a conhecer como foi esse processo transformador.

Antes mesmo de pensar em participar deste livro, ao descrever a alguns amigos próximos a minha percepção sobre a partida do meu pai deste plano e todos os sincronismos que vivenciei nessa jornada, eles me sugeriram escrever sobre essa odisseia. Assim, quando surgiu o convite para contribuir com esta obra, não tive dúvidas que era o momento certo. A partir da minha vivência, eu poderia, de uma maneira escalonada, tornar as pessoas mais conscientes da importância de trabalhar suas memórias corporais e reconhecer a profunda conexão entre o homem e o universo.

Nas formações acumuladas ao longo de quase trinta anos de profissão, compreendi que um dos maiores desafios da minha vida seria enfrentar os sentimentos de vulnerabilidade e abandono, frutos de grandes perdas de proteção. Esses sentimentos, por anos, me levaram a relacionamentos nos quais, temendo perder contato, eu me anulei inúmeras vezes.

Fui uma criança desejada e amada. Sou a terceira de quatro irmãos, com a diferença de um ano e meio da caçula. Minha história de desafios e conquistas começa cedo, na descoberta da chegada da minha irmã mais nova, exatamente no dia do meu primeiro aniversário e do seu 3º mês de gestação. Por se tratar de uma gestação de risco, de maneira repentina, eu perdi o peito e a mãe, que precisou se voltar integralmente para o novo membro da família que estava em perigo.

Meus cuidados, então, foram transferidos para minha tia paterna, a Dinda, que se encarregou de me fazer dormir todas as noites. Vale destacar aqui um ponto importante: dois irmãos, com uma diferença de idade inferior a 24 meses, são considerados gemelares biologicamente por possuírem as mesmas necessidades de proteção e afeto. Isso significa que o chamado de um é tão importante quanto o do outro. Os pais precisam estar cientes dessa condição, para que possam suprir as necessidades de ambas as crianças de maneira equilibrada e consciente.

Essa tia faleceu no ano 2000, aos 65 anos, vítima de uma leucemia agressiva. Sua partida impactou profundamente toda a família. Na época, eu tinha 25 anos. Nos anos seguintes, em diversos trabalhos terapêuticos, ela sempre esteve presente como uma referência de afeto e proteção.

Em fevereiro de 2023, eu comecei a me sentir desamparada, vulnerável e incapaz de lidar com as adversidades do dia a dia. Em desespero, busquei suporte na psicoterapia por quase dez meses e terminei aquele ano me sentido mais segura e determinada. Exatamente um ano depois, em fevereiro de 2024, desenvolvi um quadro atípico de lombalgia. Eu já estava ciente da presença de duas hérnias lombares na altura de L4-L5/L5-S1, mas as dores na região lombar e sacro-ilíaca naquele momento se tornaram intensas principalmente ao espirrar. A cada espirro, além de curvar o corpo diante da dor, eu gritava. Ríamos em casa porque eu espirrava como a Dinda. Quando alguém me repreendia, eu assentia dizendo: “Alguém puxou para a Dinda e está tudo bem”. Ser como ela era um mérito!

Mesmo com tratamentos como acupuntura, microfisioterapia, leitura biológica e correção postural, o desconforto ao espirrar persistia. Embora estivesse buscando respostas, eu não conseguia encontrá-las. Em maio de 2024, fui para uma formação avançada em Leis Biológicas. Cheguei focada em resolver meu problema. No último dia da formação, ao ser questionada sobre o início da dor, por três vezes, mesmo sabendo que o início foi em 2020, eu curiosamente repetia “2000”. A terapeuta chamou minha atenção para esse erro e sugeriu que eu refletisse sobre o evento significativo de 2000. Foi então que percebi que esse ano marcava a morte da minha tia e que os espirros estavam de alguma maneira me conectando àquela perda, em um ciclo celular memorizado. Tão claro como dois mais dois são quatro, tive a sensação de derrubar uma muralha. Como não tinha me dado conta disso antes?

Nesse mesmo dia, durante uma técnica orientada pelo professor, vivi uma catarse que liberou medos profundos, os quais me impediam de estar no presente. Eu carregava o medo da morte desde o nascimento, devido às complicações que minha mãe teve nos partos anteriores ao meu. A sensação de medo era avassaladora, como se uma força maior fosse me levar embora. Uma solidão devoradora tomou conta de mim enquanto o professor amparava meu corpo e minha alma, com toques sutis e palavras de segurança e afeto. Ao retornar dessa formação, percebi que a dor havia desaparecido. Eu não compreendia o porquê da ativação dessa memória naquele momento, mas estava feliz com a tomada de consciência e grata pela profunda sensação de conexão.

Reviver a partida da minha tia me fez tomar consciência do quanto eu era privilegiada de ter o meu pai comigo. Em maio, embora ele não tivesse nenhum quadro grave que me fizesse imaginar que ele partiria em três meses, comecei a vivenciar cada encontro como se fosse o último. Não com sofrimento, mas com uma profunda gratidão de poder aproveitar cada momento ao seu lado. Nesse mesmo período, comecei a enfrentar uma queda intensa de cabelos. Pensei nos conflitos de ruptura, corte, separação, grandes perdas de proteção, mas não conseguia identificar o problema. Avaliei os meus índices nutricionais e hormonais mantendo a suplementação de vitaminas e ferro. Eu me negava a recorrer a medicamentos alopáticos e já havia aceitado a possibilidade de ficar careca. Decidi, então, aguardar os três meses sugeridos pelo dermatologista, que é o tempo necessário para a queda cessar caso ela fosse consequência de um grande processo inflamatório – afinal, eu tinha o histórico das dores na coluna. Naquele momento, eu ainda não tinha como relacioná-la ao evento que já estava a caminho.

A morte do pai ocorreu três meses após o início da queda de cabelos, que "coincidentemente" cessou no final de agosto, com sua partida. Foi uma morte serena, cheia de significados. Com meu conhecimento, pude testemunhar e sentir seu corpo se desligando de maneira gradual e tranquila. Os dias seguidos ao diagnóstico de insuficiência cardíaca congestiva grave foram repletos de cuidados, afeto e, acima de tudo, respeito.

Curiosamente, a morte da minha tia, 25 anos antes, aconteceu exatamente sete dias antes da do meu pai. Em psicogenealogia, ciência que estuda as emoções transmitidas de geração em geração, sete dias a mais ou a menos podem ser vistos como o mesmo dia. Além disso, a ativação de um ciclo celular memorizado pode ocorrer com a diferença de seis meses a um ano, para mais ou para menos, em relação ao evento inicial. Em 2000, eu tinha 25 anos e, agora, em julho, tinha feito 49 anos.

Ciclos menores conectam esses eventos a um de conflito de base na minha infância, entre os 4 e 5 anos de idade. Até aquele momento, eu não havia feito a conexão da morte do meu avô paterno com os eventos que descrevo aqui. Ele foi uma figura central de proteção, cuidado e afeto para toda a família. Trouxe todos os filhos para Cascavel e juntos construíram uma empresa familiar forte e respeitada. Para meu pai, a perda de seu pai foi muito difícil de superar. Quando vovô faleceu, eu tinha 4 anos e meio. A morte do meu pai esteve conectada a esses dois eventos impactantes em um ciclo celular memorizado. De alguma maneira, Deus ou o Universo, como você preferir, por meio dos sintomas que apresentei nos últimos dois anos, estiveram ali me preparando para essa grande jornada que foi a partida do pai.

Olho para o sincronismo desses eventos e para a maneira como inconscientemente busquei trilhar um caminho de força e autonomia nesse último ano e vejo o quanto as leis universais e biológicas sempre estiveram ali, integradas, buscando me manter em vida e respeitando o tempo necessário para que cada etapa do processo fosse concluída. Hoje, entendo que, embora nasçamos para pertencer, é a autonomia que nos permite ser mais assertivos em nossas escolhas e torna a vida mais leve e plena.

Compreender a história que carregamos nos dá a possibilidade de ressignificar dores, liberar padrões que nos limitam e encontrar um novo sentido para o presente. Assim, descobrimos que somos parte de algo maior, uma trama tecida por gerações, experiências e aprendizados. Que este testemunho seja um convite para você explorar a sua própria história com curiosidade e coragem e iniciar a sua jornada de cura. Conte comigo!

*"Hoje entendo que,
embora nasçamos
para pertencer, é a
autonomia que nos
permite ser mais
assertivos em
nossas escolhas."*

Louise Bresolin

Luciana Baroni Flora

Sou Luciana Baroni Flora, nascida em Varginha/MG, onde passei minha infância. Na adolescência, eu me mudei para Itu/SP , onde conheci meu marido, José Ricardo Flora, e tive três filhas lindas: Lívia, Larissa e Luiza. Hoje, moro em Valinhos/SP.

Sou formada em Fisioterapia há trinta anos e trabalho em serviço público e privado, tendo assim atendido várias pessoas com dor durante todos esses anos. Fiz várias especializações dentro da minha área, mas, quando entrei para a acupuntura e fui estudar na China, comecei a entender que existiam conexões muito mais profundas entre o corpo e a mente.

Nos últimos anos, venho me aprofundando cada vez mais no estudo da Medicina Germânica, ou Leis Biológicas, em que buscamos entender os conflitos que se manifestam no corpo e suas raízes emocionais e, com isso, ajudar cada vez mais pessoas a se curarem de suas dores físicas e seus conflitos, trazendo outro olhar para suas percepções.

lucianabaroniflora

+55 (11) 99617-5105

lucianabaroniflora@gmail.com

A HISTÓRIA POR TRÁS DOS SINTOMAS

18 ENTRE A POTÊNCIA FÍSICA E A IMPOTÊNCIA EMOCIONAL

Por Luciana Baroni Flora

No início de minha jornada, como todos na área da fisioterapia, repliquei o que aprendi na faculdade. Dessa forma, fiquei muito presa ao aparelho musculoesquelético, pois era o que os professores ensinavam. Só enxergávamos a parte física e suas consequências após traumas, lesões, problemas biomecânicos, entre outros fatores que afetavam de maneira negativa seu funcionamento.

Depois de alguns anos, quando me aproximei da Medicina Chinesa, descobri uma nova causa dos problemas físicos e das doenças, que seria o emocional. Nesse contexto, comecei a observar as questões biológicas dos meus pacientes e a quantidade de pessoas que retornavam ao meu consultório com as mesmas queixas de dor e incapacidade física. Tais queixas persistiam apesar de inúmeras terapias e consumo de medicamentos contínuos. Além disso, houve casos em que o problema se acalmava por um tempo, mas depois retornava. Tais quadros me deixavam intrigada: como com tantos recursos não havia uma melhora efetiva nos casos de dor? Após analisar os casos, constatei que, apesar de todos os esforços, a dor relatada continha a mesma origem nos pacientes: a raiz emocional.

Sob esse viés, comecei a estudar e associar cada vez mais as emoções aos sintomas físicos, conexão sobre a qual eu já tinha conhecimento em decorrência da Medicina Chinesa, na qual atuo com a prática da acupuntura há muitos anos. Na medicina chinesa a dor é vista como um sinal de desequilíbrio energético no corpo. Ela nao é apenas um sintoma físico, mas também o reflexo de um distúrbio na conexão entre órgãos, emoções e fluxo de energia. A acupuntura consiste em uma técnica milenar chinesa na qual se busca manipular a energia do corpo humano por meio de pontos específicos para cada patologia e seus sintomas.

Ademais, em busca de aprimorar o trabalho por meio de novas técnicas, durante minhas pesquisas, um estudo me chamou a atenção. A linha de pensamento, altamente comprovada, criada pelo médico alemão oncologista Dr. Hamer explica que, quando sofremos um trauma, estresse ou até uma frustração, nosso cérebro "tira uma foto" para registrar esse evento. Além disso, Hamer explica que quando sentimos medo pela sobrevivência e vivemos esse conflito em solidão e impotência, tal situação pode ser decorrente de episódios vividos em nossa infância e vida intrauterina, ou até ter origem transgeracional. Assim, nos momentos em que os conflitos são vividos, os traumas registrados no passado podem ser acionados, levando à manifestação de sintomas. Em suma, de acordo com a teoria de Hamer, existe uma conexão entre inconsciente, cérebro, órgãos e músculos, conexão essa que se manifesta pelos sintomas, como dores musculares, articulares e ósseas. Essa conexão pode se manifestar através de inflamações muito conhecidas por nós, como mialgias, bursites, tendinites, artrites, entre outras do sistema musculoesquelético.

Para entendermos melhor as nossas dores, temos que buscar, segundo Hamer, as questões biológicas da musculatura. Na natureza, a musculatura dá potência para andar; o musculo é o nosso motor para termos rapidez e executar nossos movimentos e nossas habilidades fundamentais para nossa locomoção e atividades. Quando sofremos um choque traumático, ocorre um registro em uma área específica do cérebro, que é conhecida como substância branca cerebral. Nessa área, a partir das marcas registradas, manifestamos sentimento de impotência, incapacidade e, com isso, desvalorização.

Após esse registro negativo, entramos em uma onda de impotência e incapacidade de agir. Quando racionalizamos esse sentimento, entramos em uma autodesvalorização por não sermos capazes de nos movimentar; e não tendo capacidade de reagir ou recursos para lidar com os problemas que surgem, adoecemos, inflamamos e, muitas vezes, paralisamos diante de tais situações.

Atendendo diariamente muitas pessoas, em sua maioria mulheres e alguns homens com dor, percebi que esses pacientes carregavam questões emocionais e biológicas vividas no passado e que se mantinham até hoje através da ruminação ou de gatilhos emocionais que estimulavam essas dores ou inflamações, mantidas pela impotência que sentiam em situações vividas no seu dia a dia.

Entre os pacientes atendidos, uma patologia que observei frequentemente foi a fibromialgia: um diagnóstico muito atual e que vem aumentando cada vez mais nas clínicas e consultórios. A fibromialgia é uma síndrome caracterizada por dor muscular crônica, generalizada ou em algumas áreas especificas de sensibilidade. Muito comum em mulheres na faixa etária dos 30 aos 50 anos, acometendo oito vezes mais mulheres do que homens, ela pode resultar em dor em regiões como: crânio, cervical (pescoço), ATM (mandíbula), ombros, cotovelos, punhos, lombar, quadril, joelhos e tornozelos, podendo estar associada a quadros de fadiga, ansiedade, distúrbios do sono e depressão.

A fibromialgia, dentro da visão das Leis Biológicas, pode surgir de registros de grandes agressões verbais, físicas e até sexuais – momentos em que não foi possível se defender ou se posicionar. Além da dor, pode existir a sensação de que alguns músculos se estreitaram, sendo o tecido muscular substituído por tecido fibroso. Sempre o local da dor física tem relação com a região e o movimento em que foi sentida a impotência. Segue a descrição das principais regiões de dores e suas origens:

- **Crânio:** desvalorização intelectual, viver pensando e procurando a saída para tudo; são as dores de cabeça.
- **ATM (mandíbula):** relacionado a conflitos em que não consegui falar, não pude me posicionar e isso me gerou raiva, travando a boca e tendo até fratura dos dentes.
- **Cervical:** ligada à desvalorização intelectual, na qual as primeiras vertebras cervicais (C1 e C2) refletem conflitos de submissão – para dar anuência, tenho que abaixar minha cabeça para algo ou alguém que não quero – e as últimas vertebras (C6 e C7) representam o máximo da desvalorização e submissão com injustiça.
- **Ombros:** como me vejo; questionar se sou uma boa mãe, se sou uma boa profissional, meu papel perante a sociedade, podendo sentir desconsideração de mim mesma e impotência.
- **Cotovelos:** ligado a questões de afastamento (região lateral), nas quais quero me livrar de algo ou alguém, e região interna, na quais quero trazer algo ou alguém para perto de mim.
- **Punhos:** momentos em que não consigo me afirmar ou não consigo me posicionar; também quando me sinto de mãos atadas.

- **Quadril:** ser incapaz de aguentar, lidar ou suportar algo. Está ligado a situações de estresse nas quais não pude me opor a algo ou alguém. Vivo desvalorização e um sentimento de impotência ativamente, enfrentando, resistindo e freando com o peso do corpo.
- **Coluna lombar:** situações nas quais me sinto sobrecarregada e dominada, podendo estar ligado a oposições.
- **Joelhos:** me dobrar ou me entregar ao combate; está ligado à submissão. Quando me entrego a situações que não queria. Mesma temática da região cervical.
- **Tornozelo:** ligado às direções de vida, escolhas; dar rumo. Questões envolvidas em hiperestresse, nas quais eu não sei que escolha tomar em termos de direção.

O mais importante da fibromialgia é observar e entender que cada pessoa viveu em um contexto e passou por conflitos diferentes e cada um teve suas próprias percepções; então, devemos ter um olhar único para cada paciente e não rotular sintomas. Muitas vezes ocorre de pacientes serem erroneamente diagnosticados com fibromialgia quando, na realidade, não têm essa condição. Ocorre que o protocolo de diagnóstico utilizado na medicina tradicional consiste em classificar um paciente com fibromialgia automaticamente caso ele tenha mais de onze pontos dolorosos em seu corpo.

Como mencionado acima, o sintoma está relacionado à frustração que a pessoa está vivendo perante a vida. Ele surge após o estresse; com isso, é iniciada a fase inflamatória. Quando permanecemos no mesmo conflito, a dor se torna crônica, que é o caso da fibromialgia. Essa fase, na qual a dor se torna frequente, é chamada em balanço ou fibrótica, em que o paciente está sempre revivendo e remoendo as mesmas questões ou questões que trazem as mesmas emoções. De acordo com a teoria da Medicina Germânica, as pessoas acometidas com fibromialgia se sentem presas dentro da própria vida e não acham que conseguirão sair desse ciclo de dor.

Ao contrário da medicina tradicional, que acredita que quadros de fibromialgia não podem ser solucionados e, sim, apenas amenizados com medicação continua, a Medicina Germânica acredita que, ao tratar os conflitos e traumas emocionais subjacentes à dor, o paciente pode, sim, ter grandes melhoras e até a cura da doença. Ao atender pacientes com as Leis Biológicas, compreendo que haja uma conexão entre corpo e mente. Entendo que a maneira como enxergamos a doença faz com que o paciente busque a raiz de seu conflito e com o tratamento adequado possa ressignificar as questões vividas no passado, de forma que consiga viver o presente.

E o que você precisa fazer?

Primeiramente, tratamento é essencial; porém, não é o único requisito para a melhora desejada. É necessário que o paciente queira, ao escolher a Medicina Germânica, entrar em contato com os traumas e situações vividos para se conhecer melhor e, a partir desse processo, trabalhar as emoções que desencadeiam seus sintomas atuais. Esse movimento de autoconhecimento irá amenizar o sentimento de impotência, incapacidade e desvalorização e poderá colocar o paciente como protagonista de sua própria vida. Assim, ele será capaz de se colocar e tomar decisões para dar o rumo desejado para a sua vida perante os desafios.

É muito provável que você não encontre as respostas sozinho, mas as Leis Biológicas estão aqui para nos iluminar.

A maneira como encaramos a doença, com aceitação e acolhimento, desempenha um papel essencial no processo de cura. Na prática, essa postura nos convida a olhar para a doença não apenas como algo a ser combatido, mas como um sinal do corpo de que algo precisa ser transformado.

Caso você tenha se identificado com as questões acima com relação à fibromialgia, ou queira trabalhar melhor as suas dores e emoções, conecte-se comigo nas redes sociais.

Um abraço carinhoso.

Referências bibliográficas

BONALDO, I. Curso “Origens”, 2023.

EYBL, B. *As causas emocionais das doenças*: segundo as 5 leis biológicas descobertas pelo Dr. Ryke Geerd Hamer. 9. ed. Viena: Ibera Verlag/European University Press, 2020.

LIVRAMENTO, R. Curso “O segredo das dores articulares”, 2024.

PEIXOTO, A. Curso “5 Leis Biológicas”, 2021.

"Se mudarmos nossa percepção, modificamos a maneira que nosso corpo funciona, por isso troque 'seus óculos' perante a vida."

Luciana Baroni Flora

Lucilene Feba

Natural de Santo Anastácio/SP e residente de Presidente Epitácio/SP, sou Lucilene Favareto Torquato Feba. Casada com Luiz Napoleão F. Sorgi, mãe de Luís Gustavo e Luanda e avó do Bernardo. Após uma exitosa carreira como professora e coordenadora universitária, mestre em Linguística, publiquei artigos em congressos na Espanha, na Argentina e no Uruguai. No entanto, também atuo como terapeuta integrativa, com foco nas Leis Biológicas, e, por meio delas, compreendi a relação entre os conflitos psíquicos e as doenças físicas, o que me permitiu buscar autocura. A gratificação de acompanhar a minha própria transformação e a dos meus pacientes e de contribuir para o bem-estar é a maior recompensa dessa nova etapa da minha vida.

lucilene_feba

Lucilene Favareto Torquato Feba

lfavaretotorquatofeba@gmail.com

19

O PONTO CEGO DA PERCEPÇÃO EQUIVOCADA

Por Lucilene Feba

Não foi fácil a construção deste relato autobiográfico; mostrou-me um exercício desafiador, pois exigiu que eu confrontasse as facetas mais obscuras da minha identidade, já que a dificuldade em descrever minhas experiências de forma objetiva e coerente revela a complexidade dos processos psicológicos que me envolvem. A análise dos meus sintomas me conduziu a uma investigação aprofundada das minhas vivências passadas, em especial dos eventos traumáticos relacionados à saúde. A parada cardíaca pós-parto, o choque anafilático e as crises de trombose e embolia pulmonar foram experiências que deixaram marcas profundas no meu corpo e na minha alma. A recorrência de problemas relacionados ao sangue sugere a existência de uma relação simbólica entre esses eventos e as minhas angústias mais profundas. A investigação psicodinâmica poderia oferecer *insights* valiosos sobre a forma como essas experiências traumáticas influenciaram a minha percepção de mim mesma e do mundo.

A experiência da segunda embolia pulmonar marcou um ponto de inflexão na minha vida. Percebi a recorrência das enfermidades. Nessa época, ano de 2013, também havia perdido o meu pai. Foi, então, que a frase de uma amiga dizendo que todas as doenças eram psicossomáticas começou a ecoar constantemente durante o período de recuperação. Isso me instigou para uma profunda jornada de autoconhecimento. A busca por respostas me conduziu às Leis Biológicas, uma teoria que estabelece uma conexão intrínseca entre os conflitos psíquicos não resolvidos e o surgimento de doenças físicas. Ao aprofundar meus estudos sobre as teorias de Dr. Ryke Geerd Hamer, compreendi que cada enfermidade carrega um significado biológico específico, sendo uma resposta adaptativa do organismo a um conflito inconsciente. Essa nova perspectiva me permitiu desvendar a raiz dos conflitos, os quais se apresentam como resultados das doenças, associando-as a padrões de pensamentos e emoções que me sabotavam diariamente.

A percepção de que os meus sofrimentos físicos eram, em parte, resultados de conflitos internos foi uma libertação; por isso, a partir desse entendimento, iniciei um processo de autocura, buscando identificar e resolver os conflitos que me acometiam. A consciência de que o meu corpo falava por meio dos sintomas me impulsionou a buscar um equilíbrio emocional mais profundo, transformando a experiência da doença em uma oportunidade de evolução pessoal.

Não nos damos conta de que a jornada da vida, repleta de nuances e complexidades, nos leva à busca de informação sobre a ciência que estuda as alterações hereditárias na expressão dos genes que não envolvem mudanças na sequência do DNA e emerge como uma peça fundamental nesse quebra-cabeça. Ao lado das Leis Biológicas, que estabelecem uma conexão entre os conflitos psíquicos e as doenças físicas, a epigenética nos proporciona uma visão mais abrangente sobre a influência dos fatores ambientais e biológicos na expressão de nossas características, inclusive na predisposição a doenças, como aquelas relacionadas ao sistema sanguíneo. Assim, ela pode trazer na história de um indivíduo, marcada por eventos, visto que carrega consigo um rico acervo de informações, interação entre genes e ambiente.

A epigenética nos mostra como as experiências de vida, o estilo de vida, a dieta, o estresse e até mesmo as relações interpessoais podem deixar marcas duradouras no nosso genoma. Essas alterações epigenéticas podem ser transmitidas às próximas gerações, influenciando a saúde dos nossos descendentes como repetição de eventos e pode ser transmitido às gerações subsequentes também em doenças físicas, como a trombose. Um conflito emocional intenso, por exemplo, pode desencadear uma cascata de reações biológicas que culminam na formação de um coágulo sanguíneo.

Assim, a vida se desenrola como uma intrincada tapeçaria, já que fios invisíveis tecem a história de cada indivíduo. Por isso, ao cruzarmos os caminhos da epigenética com as Leis Biológicas, a noção de memória celular e a história transgeracional, desvendamos uma teia ainda mais intrínseca, que conecta as nossas experiências individuais com a história ancestral de nossas famílias, especialmente em casos de consanguinidade. Essa abordagem integrada nos revela uma complexidade que transcende as relações individuais, a fim de identificar os fatores de risco, e desenvolve estratégias personalizadas e conscientes para a prevenção e o tratamento de doenças, promovendo uma vida mais saudável e plena.

As sugestões dadas por Dr. Ryke Geerd Hamer estabelecem uma relação direta entre os conflitos psíquicos não resolvidos e o surgimento de doenças físicas. Cada doença, segundo essa teoria, carrega um significado biológico específico, sendo uma resposta adaptativa do organismo a um conflito inconsciente, predispondo-nos a desenvolver doenças semelhantes às dos nossos ancestrais.

A história transgeracional, ou seja, a transmissão de informações e padrões comportamentais entre gerações, ganha um novo significado à luz da epigenética. Experiências traumáticas, como guerras, catástrofes naturais ou conflitos familiares, podem desencadear alterações epigenéticas que são transmitidas aos descendentes. Essas marcas epigenéticas podem influenciar a expressão de genes relacionados ao estresse, à ansiedade e à vulnerabilidade a doenças, incluindo aquelas relacionadas ao sistema sanguíneo.

Em famílias consanguíneas, a concentração de genes compartilhados aumenta o risco de herdar doenças genéticas. No entanto, a epigenética nos mostra que a consanguinidade também pode amplificar o impacto das experiências transgeracionais. Ao compartilhar um patrimônio genético mais similar, os membros de uma família consanguínea podem ser mais suscetíveis a desenvolver as mesmas doenças, mesmo que os eventos traumáticos tenham ocorrido em gerações anteriores. Somos, em parte, produtos de nossas próprias experiências, mas também herdeiros de um legado ancestral. Ao compreender essa interação, podemos desenvolver estratégias mais eficazes para prevenir e tratar doenças, considerando não apenas os fatores genéticos, mas também os aspectos psicológicos e ambientais que moldam nossa saúde.

Acredito que a história sanguínea de um indivíduo seja muito mais do que uma simples sequência de eventos biológicos. Ela é um reflexo da nossa história familiar, das experiências de nossos ancestrais e das interações complexas entre nossos genes e o ambiente. Ao desvendar os mistérios da epigenética e das Leis Biológicas, podemos revelar os códigos ocultos que conectam o passado, o presente e o futuro, abrindo caminho para uma medicina mais personalizada e humanizada, já que a tríade para uma doença eclodir está ligada à psique (qual é a percepção), ao cérebro (qual área cerebral correspondente ao órgão) e ao órgão (qual é o sintoma), a fim de que se possa identificar a causa-raiz da doença. Dessa forma, a linguagem celular recebe sinais externos, como sensações, emoções e comportamentos, e informam a mente, que irá armazenar essas informações de forma consciente e inconsciente.

A história da minha família paterna é um exemplo disso, pois é marcada por uma densa nuvem de sofrimento e perda, tecida por eventos traumáticos que se repetem ao longo das gerações. A morte precoce de entes queridos por doenças vasculares, aliada à profunda ferida da deserdação, criou um legado de angústia e ressentimento que permeia nossas vidas. A repetição desses padrões de doenças, especialmente as cardiovasculares, sugere a existência de um mecanismo transgeracional que perpetua o sofrimento.

As Leis Biológicas, nesse contexto, oferecem uma chave para decifrar esse enigma. Ao compreender que cada doença carrega consigo um significado simbólico, relacionado a conflitos psíquicos não resolvidos, passei a enxergar meus próprios sintomas sob uma nova luz. Dores nos ombros, coceiras intensas, tudo isso se revelava como mensagens do meu corpo, expressando emoções reprimidas e conflitos inconscientes.

A epigenética, por sua vez, acrescenta uma dimensão ainda mais complexa a essa compreensão. As experiências traumáticas vividas por nossos ancestrais podem ter deixado marcas em nosso DNA, predispondo as gerações seguintes a desenvolver doenças semelhantes. As memórias celulares, como um eco de um passado doloroso, reverberam em nossos corpos, manifestando-se por meio de sintomas físicos.

A combinação dessas perspectivas me permitiu construir uma narrativa mais completa sobre minha própria história e a da minha família. A dor física, antes vista como um destino inevitável, passou a ser compreendida como um chamado para a cura. Ao desvendar os conflitos, que se escondiam por trás dos sintomas, pude iniciar uma jornada de autoconhecimento e transformação.

A descoberta de que os meus sofrimentos estavam conectados à história da minha família me proporcionou um sentimento de pertencimento, mas também me impulsionou a romper com padrões repetitivos. A partir desse conhecimento, busquei ferramentas para ressignificar experiências dolorosas e construir um futuro mais saudável e feliz.

Compreender que a doença não é apenas um problema biológico, mas também uma expressão das nossas emoções e da nossa história familiar, me permitiu desenvolver uma abordagem mais integral para o cuidado da minha saúde. Ao cuidar do meu corpo, da minha mente e do meu espírito, estou honrando a memória de meus ancestrais e construindo um futuro mais promissor para as próximas gerações.

Referências bibliográficas

BORGES, A. 5 Leis Biológicas do Dr. Hamer. *Alan Borges Autoconsciência e Saúde*, 18 de setembro 2024. Disponível em: https://www.dralanborges.com.br/as-5-leis-biologicas/. Acesso em: 10 dez. 2024.

EYBL, B. *As causas emocionais das doenças*. [s.n.]: [s.l.], [s.d.]. Disponível em: https://5bn.at/free-new-medicine/#book. Acesso em: 10 dez. 2024.

MELLO, J. *Concepção psicossomática*: visão atual. Rio de Janeiro: Tempo Brasileiro, 1994.

SANTOS, M. J. E. *Racionalidade médica*: a Nova Medicina Germânica na prevenção e cura das doenças. *Revise*, vol. 1, p. 1-16, 2010.

"Nossas percepções,
nem sempre reais,
nos aprisionam em
diálogos internos
e nos adoecem.
A chave está em
desvendar esse
ponto cego."

Lucilene Feba

Mariana Sousa

Sou Mariana Sousa, natural de Brasília, tenho uma irmã e somos filhas de pais maravilhosos.

Fisioterapeuta há dezessete anos, com alguns cursos e uma experiência de cinco anos no serviço público, voltei a atuar na área após uma pós-graduação em Psicoterapia Transpessoal em 2022.

Hoje, atendo com a Terapia Manual Evolutiva e a Prática Neurossensorial, além das Leis Biológicas. Toda essa experiência fez com que o meu corpo expressasse minha percepção sobre autoconhecimento e autoestima por meio de sintomas dolorosos.

A tomada de decisões é uma ferramenta poderosa. É importante que haja coerência entre os pensamentos, os sentimentos e as ações a fim de que possamos formar uma identidade estável e saudável.

mari.csousa

+55 (61) 98634-0737

20 O MEU GRANDE DESAMOR

Por Mariana Sousa

Eu me achava uma pessoa segura, com elevada autoestima, até ser testada pela vida. Aprendi, desde a infância, que o amor é um sentimento que suporta tudo. Sem responsabilizar ninguém, e atentando-me aos fatos, uma criança interpreta o amor de acordo com as experiências que formam uma lógica na sua mente. Contudo, esse aprendizado teve um forte impacto nas escolhas de meus namorados, e o que eu vivenciava de forma geral sobre relacionamentos nada tinha a ver com relações consideradas saudáveis. A falta de autoconhecimento e de orientação profissional fizeram com que eu me tornasse uma pessoa desconectada, repetidora de comportamentos nocivos, controladora, ciumenta, apegada, com uma total falta de identidade.

Eu me casei aos 32 anos. Antes disso, havia iniciado a terapia com uma excelente psicóloga e estava aprendendo a ser feliz sozinha. Durante um ano e meio, sentia paz na minha solitude. Sempre fui uma pessoa alegre e divertida, isso fez com que meu início de relacionamento fosse mágico. Mas esse estado não durou muito tempo. No início do meu namoro, algumas amigas começaram a se casar, despertando em mim a mesma vontade. Aceitei nossos contrastes de personalidades, valores e comportamentos como situações transponíveis e não construí os alicerces indispensáveis para um relacionamento saudável. Negligenciei os alertas e só pensava em ter a família ideal: marido, filhos e um cachorro. Percepções distorcidas, sem análise, levaram-me ao vazio de uma vida a dois.

Ele era uma pessoa divertida e inteligente. Mas, faltava algo e sobravam contradições. Determinei que faria de tudo para sermos felizes, não é o amor que vence todos os desafios? Porém, cada um precisa fazer a sua parte. Viajávamos muito e vivíamos momentos incríveis, mas, ao voltarmos à realidade, não havia comunicação e nem contato físico. Era um tormento: quanto mais eu cobrava, menos recebia. Estava me esforçando, pois o amor que eu conhecia era como um desafio, então, pensava que em questão de tempo, o encaixe perfeito aconteceria. Repetíamos um padrão familiar nada funcional e só entendi a seriedade quando iniciei a pós-graduação em Psicoterapia Transpessoal. Compreendi minha falta de amor-próprio por meio da insistência e da submissão. Mas saber não salva e não resolve, é preciso internalizar, refletir e agir. Éramos dois abusivos. Desejava um relacionamento estável e estabilidade era tudo o que eu não existia. A conta não fechava! Todos os gatilhos de uma vida foram acionados e eu nem sabia quais eram, mas entrava em colapso mental ao pensar em separação, um completo desespero seguidos de ansiedade, insônia, emagrecimento rápido, queda de cabelo, nervosismo, irritação, vômitos recorrentes, cansaço, dores fortes na coluna, espasmos abdominais intensos, que faziam parte da minha rotina. Eu continuava a ignorar os sinais do meu corpo e cada vez mais adoecia. Os sintomas não me deixavam e eu me sentia derrotada. Mesmo assim, eu fingia estar bem para manter a mínima sanidade que me restava.

Com a terapia, percebi que atraímos as situações que nos conduzirão às lições, as quais serão repetidas até que aprendamos a realizar escolhas coerentes com o que queremos viver. Eu precisava me escolher e não tinha a menor noção de quem eu era e nem do que faria. Entendia que o amor era algo difícil e isso fazia total sentido na minha cabeça, afinal, as relações à minha volta eram de permanência, ainda que causassem muito sofrimento. Nessa confusão interna, as crises de coluna pioraram e eu fazia muitas sessões de fisioterapia com uso de medicação, mas ainda permanecia em um estado total de inconsciência. Concomitante a isso, a percepção sobre a profissão estava mudando e a terapeuta que me atendia à época estimulava-me a unir psicoterapia e fisioterapia. Aquilo era a semente de que precisava. No início do ano 2022, abri um consultório e fora me dito que os planos de filhos esperassem, pois eu deveria alavancar na profissão primeiro. Aqui "os problemas" tomaram mais força.

Incomodou-me aquela frase, pensava na minha idade, mas aceitei, pois confiava nele. Entretanto, resolvi fazer os exames de rotina e me deparei com a notícia de uma menopausa precoce. Um luto se apoderou de mim e chorei por meses. Restava ainda a possibilidade de adoção e fizemos um acordo imediatamente após a notícia da menopausa. Isso me acalmou e, inclusive, nos aproximou.

Um tempo depois, conheci a TME (Terapia Manual Evolutiva) e me apaixonei. Essa técnica trata, pelo corpo, das emoções registradas ao longo de toda vida e isso me fascinou. Contudo, precisaria ir a São Paulo para fazer o curso e eu não viajava sozinha havia anos, mas fui. Isso virou a chave em grandes aspectos da minha vida, afinal, estava fazendo algo por mim. Há quanto tempo eu não tinha essa sensação! Já no primeiro módulo do curso, em outubro de 2022, conheci Rafael Livramento e as Leis Biológicas. Achei interessante, mas não entendia nada sobre o assunto e deixei para marcar uma consulta depois que finalizasse a TME.

No fim do curso, que ocorreu em março de 2023, voltei diferente para casa. Foi aí que resolvi procurar o Rafa. Sentia falta de algo que não sabia explicar, mas desejava vivenciar "o casamento" de outra forma. O consultório estava em ascensão, profissionalmente eu crescia, mas em casa tudo era morno, eu me sentia apenas sobrevivendo e isso consumia minha mente. Da sessão com o Rafa, eu me lembro somente das últimas frases ditas: "Diga ao seu marido que o seu ninho está pronto, que ele é o seu macho e vocês podem ter os filhotes".

Gritei por dentro. Ninho? Olhei incrédula para ele. A inocência é divina mesmo, mal sabia eu o que me aguardava. Mas me despedi do Rafa e fiz exatamente como ele me pedira. Meu marido só sorriu, de novo o conhecido e velho silêncio. Achei estranho, mas vida que segue.

Cinco dias após a sessão, uma dor no abdômen começou a me incomodar até não conseguir mais me mexer. Fui às pressas para o hospital: apendicite e cirurgia imediata. Sempre pensara que um dia passaria por isso. E lá estava eu, prestes a ser operada de emergência e morrendo de medo. Depois que fui medicada, mandei uma mensagem para o Rafa contando o que havia acontecido. Não me parecia coincidência ter essa crise após a nossa sessão. Ele disse que daria tudo certo e que eu deixasse toda a sujeira sair. Aquelas palavras soaram coerentes para mim, mas só dois meses depois eu entenderia a sua dimensão. Depois da recuperação, repeti os exames ginecológicos e a médica falou em tom de surpresa: você não está na menopausa, seus exames normalizaram. Nesse momento, eu me lembrei de que o Rafa havia dito em sessão que eu havia sido castrada nos meus desejos de ser mãe, por falta de apoio e pelo peso do tempo. Não fiz o congelamento dos óvulos porque tentaríamos de forma natural primeiro. Mas, de fato, quem havia renunciado os filhos fui eu. Para que o casamento não terminasse, o corpo de forma inteligente entendeu que eu não precisava estar fértil e, claro, meu inconsciente aceitou, afinal, me separar não era uma opção. Após o curso de TME e a sessão com o Rafa, algo havia mudado, minha menstruação estava regular e tudo funcionava perfeitamente. Um mês após a cirurgia, eu não sentia mais nada. Tudo era um vazio, um silêncio ensurdecedor. Eu me calara. Perguntava-me: como teremos filhos sem conexão?

Passados três meses, resolvi fazer um jantar especial para relaxarmos e conversarmos. Contei que, ao sair do consultório, entrei no elevador e um bebê no colo da mãe (parecido com meu parceiro quando pequeno) ele sorriu e quis vir no meu colo sem nunca ter me visto antes, aí comentei: meu útero até coçou. Aquilo foi o início do fim do meu casamento. Ele ficou sério e falou, no auge dos meus 40 anos, com meu corpo saudável, numa relação aparentemente estável, que não queria ter filhos, nem biológicos, nem adotivos e desejava se separar. Era inacreditável, era uma traição, era um descaso, era um desamor.

Diante de uma união de doze anos, de uma imensa entrega da minha parte naquela relação, percebi que eu nunca havia sido boa para mim: não me posicionei sobre o tipo de família que desejava, não fui meu grande amor e nunca me priorizei. O resultado havia chegado. Meu corpo deu todos os alertas e a menopausa era uma resposta óbvia ao que eu me permiti naquela relação, o corpo expressou durante anos as informações do inconsciente. Finalmente, a conexão mente-corpo ocorreu e a vida me mostrou o caminho. Tudo aquilo era uma autoanulação, completamente de acordo com o meu posicionamento passivo diante de escolhas que diziam respeito a mim. Compreendi que precisava me olhar, definir o que desejava de fato e me conectar com a minha essência. Não precisamos fazer absolutamente nada para que alguém nos ame, mas é imprescindível que nos amemos em primeiro lugar, sempre e incondicionalmente. Deixei que as minhas decisões de fertilidade, de maternidade, da minha vida adulta ficassem ao acaso.

Foi quando eu acordei. Quero viver bem com tudo que me trouxe até aqui, mas acima de tudo quero viver em harmonia. Venci ilusões, aprendi a tomar decisões, a aceitar as consequências e priorizar os meus desejos.

Hoje, atuo como fisioterapeuta e como terapeuta de Leis Biológicas, completamente entregue na profissão que minha alma escolheu para acolher, tratar e cooperar com outros seres humanos, a fim de que desenvolvam a clareza mental necessária para serem e conquistarem, com real coerência, a vida que desejam viver.

"Não precisamos
fazer absolutamente
nada para que
alguém nos ame,
mas é imprescindível
que nos amemos
em primeiro
lugar sempre e
incondicionalmente."

Mariana Sousa

Mayumi Okuda

Olá! Eu me chamo Mayumi Okuda, tenho 41 anos, sou neta de imigrantes japoneses, casada e tenho três filhos.

Sou fisioterapeuta e apaixonada pelo meu trabalho. Iniciei nessa área em 2001, quando decidi estudar Massoterapia Oriental aos 17 anos, e não parei mais. Fiz faculdade de Fisioterapia, especialização em Medicina Tradicional Chinesa e pós-graduação em Medicina Funcional Integrativa.

Hoje, atuo dentro da Fisioterapia Integrativa, conectando as medicinas oriental e ocidental, e utilizando abordagens que englobam corpo-mente-espírito nos tratamentos de dores físicas, mentais e emocionais.

Há quase vinte anos, leciono na área de saúde e no autoconhecimento e, hoje, conduzo pessoas para seu despertar interior.

smayumiokuda.fisio

despertardonovoeu

despertardonovoeu.com.br

A HISTÓRIA POR TRÁS DOS SINTOMAS

21 SUAS DORES E A CONEXÃO COM SEU CLÃ

Por Mayumi Okuda

Quando eu tinha 9 anos, minha mãe foi chamada para ser diretora de uma escola de massoterapia oriental e com certeza esse movimento já era o meu chamado para a área da cura. Aos 17 anos, quando me perguntaram o que eu queria ser profissionalmente, eu respondi que queria ser uma fisioterapeuta, para ajudar na cura das pessoas. Fui duramente corrigida: "Na área da saúde, não usamos a palavra cura, isso é coisa de misticismo!". Fiquei chocada e confusa, mas aquele momento me marcou profundamente.

De família humilde, morando na periferia da cidade de São Paulo, nunca nos faltou o essencial, mas também nunca tivemos em abundância. Aos 33 anos, eu me casei e pouco depois estava grávida; um sonho que estava se realizando, pois, desde muito nova, sempre me imaginei sendo mãe de três filhos. Sempre me imaginei tendo meu parto com parteira. Então, vi que existiam casas de parto que poderiam me dar assistência, pois nesse momento estava sem plano de saúde. Fiz meu pré-natal pelo SUS, na casa de parto de Sapopemba – lugar com atendimento maravilhoso – e estava tudo indo muito bem. Trabalhei muito até as 40 semanas de gestação, me sentindo forte e disposta. Mas com 40 semanas e 6 dias, tive alta da casa de parto, pois a partir de 41 semanas, sairia do baixíssimo risco, e a recomendação era ir, no dia seguinte, ao hospital para induzir meu parto.

Eu sempre me imaginei tendo um parto natural, no tempo do bebê e da forma mais harmoniosa possível. Tive muito medo de necessitar de indução, mas exatamente às 00h30 comecei a sentir as dores do parto. A alegria inundou meu corpo e, como era tarde, dormi o quanto consegui. Passei por mais de 30 horas desde a primeira contração e, após a bolsa romper e o bebê não nascer, os médicos suspeitaram de uma desproporção céfalo-pélvica, condição na qual a cabeça do bebê é maior que a pelve da mãe, necessitando de uma cesariana. Nessa hora, eu me inundei de um sentimento de incapacidade e impotência; nunca me imaginei fazendo uma cesárea e estava com muito medo.

Às 8h20, meu filho nasceu; colocaram-no no meu colo e ele, tão pequeno, escorregava dos meus braços. Foi um momento de muita alegria, mas eu já não tinha mais forças nem para segurá-lo. Então, com medo dele cair do meu colo e exausta pelo processo, após ver que ele estava bem e vivo, pedi que ele fosse levado para os procedimentos com a pediatra.

Acordei mais de oito horas após o nascimento do meu filho, mas só pude vê-lo e amamentá-lo às 23 horas, pois, logo que meu filho nasceu, ele necessitou de oxigênio e ficou em uma ala semi-intensiva.

No primeiro dia em casa, meu bebê estava na cama dele e começou a chorar. Abaixei-me para pegá-lo – tínhamos planejado uma cama no chão no estilo oriental –, mas, depois, não consegui mais me movimentar por causa da dor. Uma grande sensação de impotência invadiu meu corpo. Não conseguia me levantar, não tinha forças nas pernas e meu abdome doía muito. Senti dores na região do baixo ventre por exatos cem dias, além de muita dor no quadril esquerdo e em toda a coluna.

A cicatriz da cesariana ardia, doía, coçava; eu não a aceitava. Só mais tarde descobri que minha aversão pela cesárea me trouxe esses sintomas na cicatriz, que remete à relação de perda de proteção; meu corpo, para se proteger, engrossou a cicatriz para que nada mais a perfurasse, formando um queloide.

Quando meu filho tinha 5 meses, eu tinha muita dor no meu braço esquerdo – sou destra e o lado esquerdo tem relação com mãe e filhos. A dor no braço traz uma impotência com relação a trazer algo para si, abraçar ou afastar. Eu, que sempre ajudei tantas pessoas a superarem suas dores, me via incapaz de me ajudar a mim mesma. Esse paradoxo foi devastador.

Decidi buscar ajuda terapêutica. Iniciei um tratamento com massoterapia e *seitai*, mas meu corpo estava tão inflamado e oxidado que qualquer toque mais profundo era insuportável. Eu precisava de algo mais suave, algo que respeitasse meus limites e me ajudasse a cicatrizar sem dor.

Foi aí que uma amiga, ao me visitar, me falou sobre o biomagnetismo médico, a utilização de imãs de média potência para tratar dores, infecções e emoções. Fiz o curso de biomagnetismo e, durante o estágio, ao procurar por outras técnicas no campo sutil, encontrei a microfisioterapia, uma técnica de toque sutil que trata a causa na raiz do problema, devolvendo ao corpo fluidez. Eu chorava de tanta felicidade. Liguei no mesmo instante para saber sobre o curso e me informaram que havia uma única vaga disponível. Com certeza, era para ser minha.

Aprendia e me tratava no processo. Como a vida pode fluir e responder tanto por meio de um toque tão sutil!

Voltei a atender e levei todas as novas modalidades terapêuticas que tinha aprendido. Meu consultório estava sempre cheio e eu, muito realizada com todo o processo. A cicatriz que me era tão incômoda começou a diminuir, não coçava e nem ardia mais e sempre que eu olhava meu filho agradecia à cicatriz, pois graças a ela eu tinha meu filho em meus braços.

Em 2019, engravidei do meu segundo filho, mas com cinco meses de gestação, descobrimos em um exame que eu estava com colo curto, o que trazia um risco de parto prematuro. Eu teria que ficar em repouso sem trabalhar. No mesmo mês, desenvolvi uma diabetes gestacional.

Nesse momento, fiquei com medo de um aborto, pois minha mãe tinha sofrido dois abortos após um primeiro filho ter nascido de cesárea. Eu não queria repetir a mesma história.

Foi então que comecei a buscar quais seriam as causas do parto prematuro e me deparei com as Leis Biológicas, que mostram a história por trás de cada sintoma: meu colo do útero guardou a informação do exame de toque como algo dolorido e queria evitá-lo, gerando uma fragilidade e diminuindo antes do tempo para que não houvesse tantos toques desnecessários; enquanto isso, a diabetes gestacional mostrava o conflito de resistência. A cada sintoma que eu tinha, eu buscava qual era a causa emocional envolvida e tudo fazia muito sentido.

Meu segundo filho nasceu de parto natural, como eu tinha sonhado, sem intervenções e nem anestesia. E assim também foi com o terceiro. Quando entendemos o conflito e damos um novo sentido a ele, nosso corpo não precisa mais gritar com um sintoma.

No entanto, ainda havia dores, principalmente no quadril esquerdo, que representavam a sensação de impotência e desvalorização. Busquei, então, uma terapeuta especializada na origem emocional dos sintomas e, durante o tratamento, descobri a psicogenealogia. Eu não estava sozinha. Essas dores não começaram em mim, mas eram parte de um padrão transgeracional. As mulheres da minha linhagem, como eu, se sentiram impotentes, incapazes de se valorizar e, muitas vezes, tiveram dores nas costas, na coluna e no quadril. Tudo fazia parte de um ciclo que se repetia.

Cada sintoma aparece de acordo com a percepção que cada pessoa tem de um evento. Não é o evento em si; muitas mulheres podem dar à luz, podem fazer cesárea, mas nem todas se sentem impotentes. E essa percepção está muito ligada a toda vivência da sua árvore genealógica: o que seus antepassados viveram e sentiram, toda história que lhe foi contada, inclusive os não ditos (os segredos de família), e suas experiências desde a infância marcam a forma como você percebe o que acontece. Ao entender essas percepções, podemos transformá-las e curar os sintomas que elas geram. Quando encontrei o PSYCH-K®, uma técnica de transformação de crenças limitantes, pude reprogramar minha mente e mudar as percepções que me causavam sofrimento.

Quando olho para a minha ancestralidade, vejo quanta dor existiu ali: a mudança de país em busca de um futuro melhor, as guerras, o passado militar do meu bisavô – que precisou ter seus pertences escondidos durante a guerra para que a família não fosse afetada –, a fome, os meses no navio vendo quantas pessoas não sobreviveram à viagem, a dificuldade em se adaptar a uma nova cultura, a língua, a saudade dos que ficaram para trás...

Ao compreender as origens dessas dores e o impacto das experiências de meus ancestrais, percebi que minha missão era mais profunda do que eu imaginava. Curar as dores das pessoas não era apenas um movimento meu, era um movimento de libertação das mulheres da minha linhagem. Eu precisava olhar para a dor que elas sentiam, porque isso também era uma forma de me libertar. E olhar para toda essa história de dor também é olhar para toda força que meus ancestrais carregavam; é poder me empoderar dela para me transformar.

Eu entendi: a dor é um chamado. Um chamado para olhar para dentro, para compreender as emoções e transformá-las. Quando você entende os seus sintomas e a verdadeira causa deles, você pode reescrever a sua história e mudar a sua vida. A cura é possível e ela começa por você!

Se você também sente dor, eu convido você a olhar para o que lhe causa impotência, incapacidade e desvalorização. Respire fundo e saiba que **você é capaz**! Seu corpo é forte e tem potência para a vida. Cada passo, cada movimento, é um sinal da sua força interior. Diga para si: "Eu sou capaz. Meu corpo tem potência para a vida. Eu me valorizo em cada ato". E repita isso sempre que sentir necessidade. Seu corpo vai lhe agradecer e começará a se movimentar na direção que você quer ou precisa.

Agora, compreendo o que me disseram no primeiro dia de aula de massoterapia oriental: não vou curar ninguém, mas vou tocar as pessoas de forma a facilitar o seu próprio processo de cura. Minha jornada de dor foi e continua sendo, de fato, uma grande escola. Ao longo do caminho, aprendi e me curei por meio de diversas técnicas que hoje utilizo em conjunto para ajudar todos aqueles que me procuram e se dispõem a se libertarem também.

A dor que você sente hoje é um convite para olhar para si e para sua vida de maneira mais profunda. Quando transformamos a nossa percepção, as dores podem deixar de existir. Entender os nossos sintomas nos permite ir além da superfície, buscando a verdadeira causa dos sofrimentos. E, ao ressignificar esses padrões no subconsciente, podemos reescrever a nossa história, criando uma nova trajetória de fluidez e leveza.

"O seu corpo deve fluir assim como a sua vida. Você merece uma vida leve e fluida!"

Mayumi Okuda

Michele Brito

Sou... Simplesmente sou... Essa é a única definição de nós mesmos, pois o simples fato de ser já engloba o todo.

Mas, como definição no nosso mundo terreno e social, sou Michele Carneiro Barbosa de Brito, médica, neurorradiologista há 22 anos e psicoterapeuta; mãe do Marc, esposa do Guilherme, filha de pais incríveis, irmã, amiga, humana. Encantada pelo cérebro humano, cada vez mais pela alma humana e pelo servir em ajudar na cura e/ou no alívio da dor. Formada, além da medicina tradicional, em análise junguiana, constelação familiar, hipnose ericksoniana e Leis Biológicas (Medicina Germânica).

dramichelebrito

mcbbrito@hotmail.com

22 UM MERGULHO PROFUNDO PARA DENTRO DE SI

Por Michele Brito

Era o ano de 2000. Eu estava cursando o 5º ano de Medicina, quando os alunos começam a tratar de forma mais intensa seus primeiros pacientes internados. Meu primeiro paciente se chamava Sr. Wanderlei, de 63 anos, com diagnóstico de câncer (linfoma). Um dia, ele simplesmente começou a se recusar a comer e a tomar as medicações. Fechou os olhos num sofrimento visível e se negava a qualquer diálogo ou acolhimento. Entrei em desespero. Como seria possível eu estar estudando para curar as pessoas e ele não querer ser curado? Minha mente realmente se desestabilizou. Como vencer esse câncer? Como convencê-lo a abrir os olhos e aceitar as medicações e a comida?

Sugeri ao meu professor e médico responsável passarmos uma sonda pelo esôfago do paciente para alimentá-lo; foi quando ele, com muito carinho, me aconselhou a pedir uma interconsulta com o professor de psiquiatria, para conversar com o Sr. Wanderlei.

Após o professor de psiquiatria conversar com o paciente, ele veio conversar comigo e me explicou que jamais poderíamos passar uma sonda e obrigá-lo a comer a força, já que ele era um homem consciente das suas faculdades mentais e que, naquele momento, estava passando pela fase da raiva.

Nesse momento, fui apresentada a estas cinco fases finais da vida: negação, raiva, barganha, depressão, aceitação. A psiquiatra suíço-alemã Elisabeth Kübler-Ross identificou essas fases em seu livro *Sobre a morte e o morrer* (2007), publicado em 1969. Ainda assim, minha mente estava em parafuso. Eu não concebia a ideia da morte.

Foi quando tudo começou...

Procurei pela primeira vez uma psicóloga para me ajudar. Nessa época, já não conseguia nem dormir; a dificuldade de assistir esse paciente nos últimos meses de vida foi, para mim, inexplicável. Foi quando a psicóloga me perguntou quem eu tinha perdido na minha vida. Eu tinha perdido a minha tia (e madrinha) havia seis anos. Foi um luto não elaborado adequadamente e, então, através dessa situação atual, eu estava revivendo a morte dolorosa da minha madrinha. O meu grande pesar em relação à morte dela era que eu achava que ela tinha partido sem saber o quanto eu a amava, pois eu não falava essa frase literalmente. Foi, então, que entendi na terapia que, ao longo dos dezoito anos que passei ao lado dela, todos os meus gestos e maneira de ser demonstravam o meu amor por ela. E, sim, ela sabia o quanto eu a amava. Começou ali o meu mergulho para dentro de mim. O mergulho para o mundo interno, assim um mundo externo e maravilhoso se abriu.

De lá para cá, passaram 24 anos e o mundo da psicanálise começou a fazer parte de mim nessa época como paciente. Mudei muito e sempre para melhor, numa velocidade incrível. Eu era uma menina extremamente tímida, tinha medo do mundo. Conforme eu caminhava como paciente de análise, minha vida ia ficando mais profunda e encantadora. Desafios e dores fizeram parte dessa caminhada, assim como amores, risos e felicidade. E desafios, pois assim é viver.

Durante todo esse período, eu me dedicava à neurorradiologia e a cuidar do corpo físico dos pacientes, fazendo diagnóstico das doenças cerebrais através da imagem (ressonância magnética e tomografia) e escolhi, após alguns anos, trabalhar diretamente com a morte ou perto dela; a morte, que tanto me afligiu durante meu início.

Nos últimos onze anos, trabalhei em um hospital de câncer infantil, ajudando justamente as crianças nesse momento de cura ou de passagem. Mas, a partir do ano de 2016, comecei a estudar mais a fundo sobre psicanálise e terapias integrativas, após passar por uma grande dor emocional: perdi um bebê em 2015, dei adeus ao segundo casamento, me aproximava dos 40 anos de vida sem que minha vida pessoal estivesse sequer perto daquela que desenhei e sonhei desde sempre.

Fui estudar mais profundamente o cérebro humano através da alma. Eu precisava entender por que nós humanos sofremos e como amenizar isso. Abriu-se diante de mim um portal de expansão de consciência inimaginável. Finalmente, percebi o quanto nossos pensamentos são responsáveis por tudo que nos acontece, somado a um conjunto de fatores.

Existem duas coisas distintas: doença e enfermidade. A doença é aquilo que é danoso ao nosso corpo físico. A enfermidade é a ferida de alma que está causando a doença, que nada mais é que o sinal de alerta, o pedido de socorro da nossa alma. O que realmente temos que curar não é só o corpo físico, mas o corpo espiritual e o corpo mental. Na medicina quântica, já se fala em sete corpos; porém, irei me ater a apenas três para melhor entendimento. O corpo espiritual diz respeito à sua relação com algo maior, com Deus, ou o comando criador, ou o dono de tudo que há, ou o Universo. Não é sobre religião, mas sobre espiritualidade. Esse corpo espiritual, para ter saúde, deve estar conectado à fonte criadora; deve haver fé.

O corpo mental é o que nós, terapeutas, tratamos no consultório; o cérebro e a maneira como ele está se relacionando com nossas feridas de alma. Aqui, é papel do terapeuta fazer a ligação do sintoma com o que está por trás. Qual a história por trás do seu sintoma? O que o seu sintoma está querendo lhe falar?

Já o corpo físico é mais fácil de entender; nada mais é do que a matéria sólida, nosso corpo que é tratado pela medicina tradicional.

Ao longo dos meus 22 anos atuando na medicina tradicional e observando a vida humana, é inquestionável a relação do sofrimento de alma com o aparecimento de doenças. Porém, não devemos esquecer que é sempre um conjunto de fatores, como alimentação, toxinas, meio ambiente, agrotóxicos, emocional etc. O cérebro grava de forma intensa cada momento traumático que vivemos e esses momentos traumáticos são revividos de forma imperceptível, mas podem ser catastróficos em determinadas épocas.

Nós, humanos, temos vários conflitos e traumas gravados em nosso cérebro e, ao longo da vida, esses conflitos vão sendo revisitados de acordo com os acontecimentos vividos. Quando me vi desorientada emocionalmente com o meu primeiro paciente, enfrentando a morte no meu 5º ano de Medicina, eu estava revivendo um conflito traumático intenso, que foi o conflito de separação da minha madrinha. Aqui, ficou claro para mim o meu conflito de separação, que começou desde o meu nascimento.

O nascimento nada mais é do que o nosso primeiro conflito de separação: da nossa mãe. Estivemos 9 meses no melhor lugar do universo, que é o útero materno; nosso primeiro amor, a mãe. Ao sairmos para o mundo externo, fora do corpo da mãe, já se instala a nossa primeira grande separação. Para alguns, o desmame do seio materno também pode ser um conflito de separação; depois, ir para escolinha e ficar longe de casa ou da mãe. Mortes de pessoas amadas, mudança de cidade, deixar de estudar ou conviver com um melhor amigo, mudança de emprego. Existem várias nuances de separação.

No meu caso, passei por várias separações, como, por exemplo, a morte do meu pai, dois divórcios, a perda do meu bebê em 2015, e outras. Qual é a importância de destacar esses acontecimentos? Observar a história por trás dos sintomas. É importante olhar para os eventos traumáticos e mudar o pensamento sobre eles.

Mas voltemos a falar da relação das emoções com os órgãos do corpo humano. Existe uma linha terapêutica difundida por Dr. Hamer que elaborou as Leis Biológicas com base na Medicina Germânica. Trata exatamente da relação entre os tecidos embriológicos formadores dos nossos órgãos no momento da gestação e a emoção relacionada a cada tecido. Existem três tecidos que dão origem a tudo: a ectoderme, a mesoderme e a endoderme. O conflito de separação está relacionado ao tecido embriológico da ectoderme. Cada tecido de origem tem relação com um conflito emocional e determinada doença. Vou ilustrar aqui alguns sintomas que o conflito de separação pode desencadear.

A ectoderme é o tecido mais externo, aquele que forma a pele e as membranas do corpo humano, o tecido que nos separa do ambiente externo. Logo, alergias de pele, psoríase, eczemas, coceira e alergias nas mucosas, como a nasal, a ocular, a intestinal, a vaginal etc. estão relacionadas a conflitos de separação. No meu caso, tenho sinusites de repetição, rinite alérgica, síndrome do intestino irritável e disbiose intestinal (visto que a mucosa intestinal também é originada da ectoderme). Tenho todas essas condições e, de tempos em tempos, quando me deparo com algo que se assemelha a uma separação, surge algum sintoma agudo.

Por exemplo, em julho de 2024, saí do hospital em que trabalhava havia onze anos. No período de aviso prévio, tive duas crises fortes de sinusite e uma alergia de pele no rosto. Eu sabia que esses sintomas eram porque eu estava me separando desse lugar onde tanto amei trabalhar. Sabendo disso, internalizei no meu pensamento que estava tudo bem e que a vida seguiria seu curso sem perigos, pois o cérebro interpreta essas situações como um perigo e é aí que os sintomas aparecem. Tomei remédios da medicina tradicional e fui trabalhando minhas emoções frente a isso; a cura foi mais rápida do que se desconhecesse as emoções por trás dos sintomas.

Às vezes, existem conflitos emocionais vividos pelos ancestrais, o que chamamos de herança transgeracional dos traumas. Isso está muito bem explicado no livro *A biologia da crença* (2007), de Bruce Lipton, no qual o autor demonstra, por meio de citação a artigos científicos, que as emoções são passadas de geração a geração através do DNA. Talvez o trauma não tenha acontecido com você, mas com alguém antes de você, como um avô ou bisavô, por exemplo.

Neste capítulo, ilustrei apenas um conflito emocional e poucos sintomas físicos que podem ser desencadeados a partir dele, mas existe um mundo inteiro a ser olhado dentro do universo incrível que é a alma humana. O acolhimento, o amor e a escuta são a chave para todo tratamento humano.

Seja gentil com você sempre; ame-se. Fique rodeado de amor e acolha a sua dor. Permita-se sentir. É através do sentir que a sua alma se revela.

Referências bibliográficas

KÜBLER ROSS, E. *Sobre a morte e o morrer*: o que os doentes terminais têm para ensinar a médicos, enfermeiras, religiosos e aos seus próprios parentes. São Paulo: WMF Martins Fontes, 2007.

LIPTON, B. *A biologia da crença.* São Paulo: Butterfly, 2007.

"O amor é a energia curativa mais poderosa que existe."

Michele Brito

Mylena Beuttenmüller

Meu nome é Mylena Beuttenmüller, paulista, leonina, primeira filha de Sergio e Marly, mãe do Gabriel e casada com Antonio. Sou fisioterapeuta há 25 anos, e há sete anos transformei a forma de atuar na minha profissão através das terapias integrativas.

Primeiro, descobri a microfisioterapia, que mudou e ampliou minha visão sobre a origem dos sintomas dos pacientes e sobre mim mesma, e abriu as portas para outras terapias, como as Leis Biológicas e a análise dos nomes. Esta última revolucionou meus atendimentos e me levou a criar, em 2023, o curso "A Energia das Letras", no qual ensino terapeutas a compreender a história e os conflitos dos pacientes, além da sua própria história, através do seu nome.

mylenabeuttenmuller

mylenaduarte2@hotmail.com

23 MANIFESTANDO SUA IDENTIDADE ATRAVÉS DO SEU NOME

Por Mylena Beuttenmüller

Uma pergunta sempre me acompanhou: quem sou eu? Sempre achei que não soubesse muito de mim: meus gostos, preferências, o que eu realmente queria. Achava que todo mundo se conhecia bem, menos eu. Sempre fui uma criança tímida, reservada, de poucos amigos, que não gostava de aparecer. Logo eu, uma leonina. Tinha muita dificuldade de me posicionar; tentava falar o que agradava, me arrependia sempre de não ter a palavra certa na hora certa; tinha pavor de apresentar trabalho na escola, de falar em público. Tinha medo dos olhares voltados para mim, medo do julgamento dos outros. Não me encaixava em muitos círculos sociais, sentia que não fazia parte.

Já tinha quase vinte anos de formada e uma insatisfação me acompanhava havia algum tempo. Estava cansada, um pouco desmotivada e não tinha claro o que eu gostaria de fazer. Em 2017, participei de um *workshop* de Leis Biológicas, do Rafael Livramento, que hoje é meu mentor, e um mundo completamente novo e diferente se abriu para mim.

Aprendi que os sintomas e comportamentos têm origem na nossa história: o que vivemos na nossa gestação, infância e adolescência, podendo até trazer da nossa ancestralidade e repetir padrões. Eu consegui entender por que a minha criança se comportou daquela maneira. Entendi muitos sintomas que eu tive, como alergias de pele, laringites, dores de cabeça, e pude associá-los com o que vivi na época em que se manifestaram.

Minhas experiências na infância influenciaram a forma como eu percebia as situações e reagia a elas. Durante grande parte da minha vida, eu estava fora da minha essência, da minha identidade. E eu sentia isso. Descobri que tinha muita energia masculina, mas não conseguia manifestá-la devido aos meus mecanismos de proteção.

O médico e autor Gabor Maté, em seu livro *O mito do normal* (2023), discorre sobre o conflito entre **apego** e **autenticidade**. Ele diz: "Se a escolha for entre: esconder meus sentimentos até de mim mesmo e conseguir os cuidados básicos de que preciso, e ser eu mesmo e passar necessidade, escolherei todas as vezes a primeira opção" (p. 106). Ainda segundo ele, "[...] é revelador perceber que muitos dos traços de personalidade que passamos a acreditar ser nós mesmos, na verdade exibem as cicatrizes de onde, num passado remoto, perdemos a conexão com nós mesmos" (p. 107).

São muitas as pessoas que não conseguem manifestar o seu verdadeiro eu e que se sentem fora do seu lugar porque não sabem, assim como eu não sabia, que tudo está na nossa história. Tudo tem uma raiz biológica. E aprender isso foi libertador para mim.

Com as Leis Biológicas, entendi a origem do meu conflito de identidade. Cresci em um ambiente familiar instável emocionalmente e financeiramente. Meus pais brigavam muito; não tive um pai presente – o alcoolismo não deixou – e eu tinha muita vergonha disso. E isso não influenciou somente o meu comportamento; meu corpo também deu sinais. Aos 7 anos, desenvolvi uma miopia. Biologicamente, a miopia tem relação com grandes medos e inseguranças, informações visuais insuportáveis. Favorece a visão de perto para perceber o perigo que vem de perto. Era exatamente o que eu vivia no meu ambiente familiar.

Hoje, entendo que o meu comportamento de criança muito boazinha – que não dava trabalho, era responsável e ótima aluna – era a minha busca inconsciente por um lugar perante meus pais e perante os outros. Eram mecanismos de proteção e sobrevivência que me afastavam da minha verdadeira identidade.

Todo esse conhecimento ajudou a me conhecer melhor, a me entender; voltei a ter prazer de estudar. Comecei a atuar de uma forma diferente na minha profissão, a avaliar os meus pacientes de forma mais profunda, com novas abordagens. As dores e os sintomas não estão somente no corpo físico. São pistas para seguirmos e encontrarmos a origem, que sempre está na nossa história.

Durante os meus cursos e estudos, cheguei à análise dos nomes. Como assim, o nome da pessoa conta a história dela? Iniciei um novo caminho de autoconhecimento e mais entendimento de mim mesma. E não somos atraídos para as coisas ao acaso. A professora Josie Kromer (2021) sempre diz: "Somos especialistas na nossa própria dificuldade". O que é o nome? Ele é a nossa identidade. Esse era o meu conflito, o que sempre me acompanhou e o que eu buscava melhorar. Eu me encantei por estudar as letras hebraicas e o transgeracional, que são as bases da análise dos nomes com os quais associo com as Leis Biológicas.

O significado do meu nome fez muito sentido com a minha história. Mylena: senhora soberana reluzente. Traz uma ideia de mulher forte. Vim à minha família para maternar, nutrir, acolher, cuidar, assim como todas os nomes iniciados com a letra M. É o que viemos ressignificar no nosso sistema familiar.

A minha árvore materna é de mulheres fortes, independentes, batalhadoras e muitas não tiveram um parceiro presente, não tiveram o seu lugar perante o masculino. Maternar para elas não foi fácil. O meu nome contava muito da história delas e da minha. E eu precisava me reposicionar em relação a essas dores. Foi mais um conhecimento que me trouxe muito aprendizado e transformação.

Nenhum nome é escolhido ao acaso e não erra de endereço. Sua escolha tem relação com uma necessidade do clã; ele traz a função biológica de cada um na sua família. O nosso nome carrega as dores e expectativas dos nossos pais e as memórias da nossa ancestralidade.

Comecei a levar a análise dos nomes para os meus atendimentos e os pacientes ficavam encantados. "Como você sabe tanto de mim?", eles me perguntavam curiosos, querendo saber mais. E quanto mais eu associava o nome com a história dos pacientes, mais rápido eu chegava na origem das suas queixas. Era uma bússola que me mostrava o caminho a seguir e investigar, juntamente com as Leis Biológicas.

A história de M

M me procurou com queixa de enxaqueca crônica muito intensa desde a adolescência e precisava tomar medicamentos muito fortes com frequência, principalmente no período menstrual, como sua mãe. Biologicamente, a dor de cabeça tem relação com os conflitos de desvalorização e impotência, de não se sentir capaz. Como eram mais fortes no período menstrual, fomos buscar as desvalorizações na procriação. A letra M traz as questões com o maternar do clã, com as dores do feminino.

As duas informações, sintoma e nome, apontavam para as histórias das mulheres do clã. Seguindo essa linha de investigação, ela me contou que quando sua mãe ficou grávida dela, seus pais não eram casados e foi difícil aceitar a gestação. Ela tinha um relacionamento conturbado com o pai, de embate, pois era um homem muito controlador e autoritário. Seus avôs também tinham essa personalidade. As mulheres de sua família viveram muitos desafios com o masculino; eram submissas, não tinham voz, não se sentiam valorizadas pelos pais e parceiros. Ela lutava contra esse controle do pai; de forma inconsciente, tentava dar voz a essas mulheres da sua família.

Mesmo que estejamos cumprindo a nossa função no clã, o processo de ressignificação não é um caminho fácil. Vai de encontro com as crenças e as lealdades familiares, tudo que foi aprendido e vivido no ambiente familiar. Mesmo sendo o que o sistema familiar espera de nós, um pedido de cura dessas dores, de fazer diferente, esbarra no nosso senso de pertencimento.

Mark Wolynn, em seu livro *Não começou com você* (2023, p. 147), diz que "[...] estamos conectados aos familiares cujos traumas pendentes se tornaram nosso legado. Quando a conexão permanece inconsciente, podemos viver aprisionados em sentimentos e sensações pertencentes ao passado. Com a história da nossa família revelada, os caminhos para a liberdade se abrem".

M não fazia ideia de que sua enxaqueca poderia se originar nas histórias de desvalorização das mulheres da sua família e na sua própria. Uma repetição de situações e sintomas. Alguns dias após o nosso atendimento, ela relatou uma melhora significativa do sintoma.

A história de S

S me procurou com queixa de crises de ansiedade. Biologicamente, a ansiedade tem relação com um medo que coloca a pessoa em estado de alerta e tensão e que tem relação com a história dela.

O que me chamou a atenção no nome dele foi a grafia: faltava uma letra. Ele me disse que a mãe escolheu dessa forma, sem a letra E. De acordo com o alfabeto hebraico, que é uma das bases da análise dos nomes, essa letra traz uma correspondência com o início da vida e com o pai.

Vejam sua história: sua mãe engravidou de seu pai, mas se casou com outro homem e nunca lhe revelou quem era seu verdadeiro pai. Foi criado pelos avós porque o padrasto não aceitou criá-lo. A letra excluída do seu nome revelava seu início de vida difícil e a exclusão do pai de sua vida. No momento do atendimento, ele estava prestes a ter seu primeiro filho, acionando seus medos e inseguranças da infância. Identificar a origem da sua ansiedade o ajudou a melhorar o sintoma.

Todas as experiências que vivi desde a minha concepção moldaram quem eu sou hoje. Fui me despojando pelo caminho do que já não fazia mais sentido para mim, abandonando as velhas bagagens. Os antigos recursos de sobrevivência e os modos de comportamento que foram necessários em vários momentos deram lugar a novos elementos, conforme ia dando passos em direção a mim mesma, me conhecendo mais, me aproximando da minha essência e da minha verdadeira identidade.

É preciso se permitir e se transformar para transformar o outro. Evoluir não é um processo fácil, é preciso coragem para olhar para nossas sombras e iluminá-las.

E é isso que eu faço hoje por meio do meu trabalho. Ajudo as pessoas que me procuram a se conhecer mais através do seu nome, a buscar a origem dos seus sintomas na sua história; ajudo a mostrar que o seu nome vem carregado de informações e revela sua função biológica no seu clã, sendo uma das bases da sua identidade.

Assim, amplifico esse conhecimento por meio dos terapeutas que vêm fazer o meu curso, transformando o olhar deles para o seu nome, para a sua identidade, para que eles levem essa transformação aos seus pacientes.

Referências bibliográficas

KROMER, J. Curso "Memória e informação: ciclos de vida", 2021.

MATÉ, G.; MATÉ, D. *O mito do normal*: trauma, saúde e cura em um mundo doente. Rio de Janeiro: Sextante, 2023.

WOLYNN, M. *Não começou com você*: como o trauma familiar herdado nos define e como dar um fim a esse ciclo. Rio de Janeiro: Alta Books, 2023.

*"A energia do nosso
nome nos traz
as capacidades
necessárias para
exercermos nossa
função biológica no
nosso clã."*

Mylena Beuttenmüller

INTEGRATIVA

Paulo Fonseca

Sou Paulo Fonseca, natural de São Paulo, capital, e resido com minha esposa Flávia Faria há sete anos em Vila Nova de Gaia, Porto, em Portugal, onde nasceu nosso amado filho Davi.

Sou fisioterapeuta formado pela Universidade Estadual Paulista (UNESP) há vinte anos. Fiz diversas formações em Terapia Manual (como Microfisioterapia e Quiropraxia), Nova Medicina Germânica e em Saúde Integrativa, tendo atendido mais de quatro mil pacientes. Também sou professor e tenho uma clínica de saúde integrativa.

Desde a faculdade, meu foco sempre foi em como eliminar ou pelo menos aliviar a dor. Com a prática diária e muito estudo, percebi que na maioria das vezes estávamos tratando apenas as consequências e não as causas. E esse foi o ponto de virada da minha vida profissional e pessoal.

ft.paulofonseca

Ft. Paulo Fonseca

ftpaulofonseca@gmail.com

A HISTÓRIA POR TRÁS DOS SINTOMAS

24 FIBROMIALGIA: A DOR DE NÃO CONSEGUIR AGIR

Por Paulo Fonseca

Dor. Todos nós já a experienciamos em maior ou menor escala, em uma ou mais partes do corpo. Já ouvi descrições de todos os tipos de dor: em pontada, em agulhada, latejante, excruciante, que aperta e até dor "que alivia" (durante uma massagem, por exemplo). Geralmente, aparece depois de uma queda, um grande esforço físico ou até de um movimento mais brusco e repentino. Ou seja, aparentemente, sabe-se subjetivamente o que causou o início a dor.

Agora, imagine sentir uma grande dor física, constante, em várias partes do corpo ao mesmo tempo e o dia todo, inclusive à noite ao dormir. Tudo isso sem causa aparente, pois exames complementares mostram que "está tudo normal". Pois é isso que sente quem tem fibromialgia (FM).

A própria definição de FM nos mostra que esse nome não é um diagnóstico e sim uma descrição simplista dos sintomas: *fibro*, relacionado a fibras; *mio*, que significa "músculo"; *algia*, que significa "dor". Assim, fibromialgia significa "dor nas fibras musculares"; e dor é sintoma, não diagnóstico. Ela é, basicamente, causada por uma série de distúrbios fisiológicos diretamente relacionados ao Sistema Nervoso Autônomo (SNA), alterando diversas reações químicas no organismo, particularmente nas mitocôndrias, que são organelas celulares que produzem a energia das células. E o SNA age e reage a tudo que vivenciamos, tanto fisicamente como emocionalmente. Portanto, nossas emoções e nossos traumas psicológicos estão intimamente ligados à fisiologia do corpo e ao porquê de sentirmos dores enormes, mesmo que os exames gerais não revelem alterações.

Nos meus estudos e vivências práticas, observo que a dor na grande maioria das vezes é multifatorial. Excluindo-se os traumas diretos (pancadas, quedas), ficou cada vez mais evidente a combinação de fatores fisiológicos, químicos, ambientais e emocionais associados a distúrbios biomecânicos que causam a dor, seja uma dor de cabeça que aparece ao final de um dia estressante ou uma dor lombar após um esforço físico. O fator psicossomático estava quase sempre presente e na FM ele é primordial.

Além da dor, as características frequentemente associadas à FM incluem fadiga crônica, perturbações do sono e rigidez, principalmente pela manhã. Somada a essas características principais, há uma variedade de fenômenos associados, incluindo distúrbios cognitivos, como dificuldade de concentração, falhas na consolidação da memória de curto prazo, diminuição de velocidade de desempenho, incapacidade de realizar multitarefas e sobrecarga cognitiva. Segundo Clauw *et al.* (2003), a FM é considerada um distúrbio relacionado ao estresse devido a seu início e sua exacerbação de sintomas frequentemente associados a traumas emocionais. Isso é corroborado por um número crescente de estudos de neuroimagem que forneceram indícios de perturbações no interior do sistema nervoso, tanto no início do estudo como em resposta a estimulação nociva (estresse), notadamente com alterações metabólicas na região do hipocampo cerebral (WOOD *et al.*, 2009). A FM é classificada como dor nociplástica, ou seja, derivada de um processamento central anormal da dor (SALGADO *et al.*, 2022).

Ainda segundo Salgado *et al.*, distúrbios em neurotransmissores como serotonina, norepinefrina e dopamina são importantes nas vias de inibição endógena (interna) da dor e são alterados na FM de uma forma que pode ser responsável pelo aumento da dor experimentada pelo indivíduo. Ademais, as concentrações de serotonina e noradrenalina parecem ser reduzidas no SN central. Da mesma forma, a atividade da dopamina demonstrou ser atenuada na FM. Além da sensibilidade à dor, alterações na noradrenalina e na serotonina também podem contribuir para distúrbios no humor, sendo um sistema de serotonina deficiente fortemente associado à depressão grave. Ou seja, uma mistura de "sucos orgânicos" produzidos e liberados por glândulas e regiões cerebrais específicas fazem com que o indivíduo experimente uma sensação muito dolorosa em resposta a um estímulo (toque, movimento, postura) que deveria gerar apenas um leve incômodo.

Mas, na prática, como tudo isso funciona? Segundo a Nova Medicina Germânica, todos os sintomas são tentativas de adaptação do organismo após a ativação de um mecanismo turbo de sobrevivência em resposta a um conflito biológico. Cada conflito é um choque emocional importante, que coloca em risco a nossa integridade física e psicológica, e tudo isso ocorre de forma inconsciente. Assim, a FM é uma combinação de vários conflitos biológicos, em que o contexto principal é a incapacidade de agir, estar imobilizado, gerando importante desvalorização de si. E os locais de dor são nuances desses conflitos. Eles são basicamente os seguintes, podendo se associar a outros mais:

A. **Conflito central de direção:** “Não sei que caminho escolher” ou “Não escolhi um bom caminho”. São pessoas que estão sempre bloqueadas nas histórias e nas obrigações familiares, que não vivem a própria vida, que não seguem seu próprio caminho.

B. **Conflito de contato imposto:** contatos físicos desagradáveis, forçados, rejeitados sem sucesso. Pessoas que são forçadas a “servirem” alguém que não querem servir.

C. **Conflito de impotência e desvalorização:** “Não consigo”, “Não posso”, “Não me permitem agir, por isso me sinto péssimo e sem valor”.

D. **Conflito de sujeira:** “Estou na impotência de eliminar algo que considero sujo, feio, que não me serve”.

E. **Conflito de medo da morte:** pessoas que vivenciaram a morte, seja com elas mesmas (riscos iminentes) ou com relação a outras pessoas (ver alguém morrer, por exemplo).

Para exemplificar, descreverei o caso de uma paciente. Joana (nome fictício) é uma dona de casa de 46 anos, casada, com dois filhos, formada em Arquitetura, profissão esta nunca exercida. Ela começou a ter dores nas pernas por volta dos 34 anos, tornando-se mais frequentes e intensas com o passar dos anos. As dores começaram a se espalhar pelo corpo, às vezes afetando braços, mãos, ombros, tronco. O diagnóstico de FM veio há seis anos, quando as dores se tornaram muito intensas e incapacitantes, concentrando-se na cervical, nos ombros e nas pernas, coincidentemente logo após o filho mais velho sair de casa. Os intestinos nunca funcionaram bem, com obstipação constante e quadros de diarreia esporádicos. O sono sempre foi leve, mas havia piorado muito nos últimos dez anos, sendo pouco reparador, associando-se a isso uma intensa fadiga. Além disso, ela sentia dificuldade em memorizar informações simples e apresentava muita ansiedade, com histórico de depressão aos 20 anos.

Vamos agora associar os fatos vividos aos sintomas, para entendermos o processo de adoecimento. Para facilitar o entendimento, vou colocar, logo depois do fato, a letra correspondente aos conflitos biológicos descritos anteriormente.

Joana teve uma infância difícil, sendo a filha mais velha de três irmãos, com um pai muito austero que a impunha obrigações (B) exageradas para sua idade, bem como castigos físicos e morais. Aos 17 anos, saiu de casa para estudar em outra cidade, mas principalmente para fugir (C) das agressões do pai. Na universidade, conheceu o homem com quem viria a se casar logo depois de se formar. Aos 20 anos, teve uma gravidez não planejada, mas perdeu o bebê (E) com sete meses de gestação – ela me disse que sonhou em segurar o bebê no colo e não pôde fazê-lo (C). Após se formar, engravidou novamente, mas o marido nunca a deixou trabalhar, pois era obrigada (B) a cuidar da casa e do filho. Três anos mais tarde, com o nascimento do segundo filho, o marido se tornou mais frio e insensível (A), demonstrando pouco ou nenhum carinho, mas Joana tinha que cumprir suas "obrigações matrimoniais" (B), mesmo não estando disposta (A). Joana nunca se permitiu contar a ninguém sobre as agressões morais e físicas que sofria, pois tinha vergonha de exteriorizar essa "sujeira toda" desde a infância (D). Aos 34 anos, Joana teve um grave desentendimento com o marido, pois queria começar finalmente a trabalhar, mas ele não a deixou. Ela pensou em se separar, mas, sem emprego, como faria para sustentar a si mesma e aos filhos (C e E)? Joana vivia apenas para o marido e filhos (A).

Aos 40 anos, Joana entrou novamente em depressão (E), pois o filho mais velho saiu de casa para fazer faculdade e ela não poderia mais "segurá-lo em seus braços quando quisesse", segundo palavras da própria paciente (E). Pausa para reflexão: como uma mãe segura um bebê no colo? Qual a postura que ela apresenta? Quais partes do corpo estão associadas a essa ação? Cervical, ombros e braços? Quando o filho se vai e a mãe não pode acompanhá-lo, quais movimentos são bloqueados? Tronco e pernas? Notem também a matemática do cérebro: 17 anos x 2 = 34 anos; 20 anos x 2 = 40 anos.

Lembrando que as principais pessoas acometidas pela FM são mulheres entre 35 e 50 anos que deixam sua vida de lado para cuidar da casa, do marido e dos filhos, e muitas vezes não têm apoio familiar; que após os filhos estarem crescidos e o marido, satisfeito, se sentem desvalorizadas, cansadas e até “velhas” para reiniciarem a própria vida.

Joana entendeu muito bem isso e, com ajuda de ferramentas específicas, ressignificou cada um dos conflitos e se libertou dessas amarras. Com técnicas de terapia manual, reequilibrou o Sistema Nervoso Autônomo, eliminando a depressão. Com fisioterapia integrativa e fotobiomodulação, estimulou mitocôndrias e modulou neurotransmissores, eliminando a fadiga. Com nutrição funcional, corrigiu o microbioma e o funcionamento intestinal. Começou a trabalhar com arquitetura. E tudo isso fez a dor desaparecer em 90%, em menos de três anos.

Portanto, assim como a árvore sofre as dores da poda para crescer forte e saudável, a fibromialgia, quando compreendida e bem tratada, pode ser corrigida e gerar bons frutos.

Referências bibliográficas

CLAUW, D. J.; CROFFORD, L. J. Chronic Widespread Pain and Fibromyalgia: What We Know, and What We Need to Know. *Best Practice and Research Clinical Rheumatology*, v. 17, n. 4, p. 685-701, ago. 2003.

SALGADO, A. S. I. *et al.* Gentle Touch Therapy, Pain Relief and Neuroplasticity at baseline in Fibromyalgia Syndrome: a Randomized, Multicenter Trial with Six-month Follow-up. *Journal of Clinical Medicine*, v. 11, n. 16, 4898, ago. 2022.

WOOD, P. B. *et al.* Hippocampal Metabolite Abnormalities in Fibromyalgia: Correlation with Clinical Features. *The Journal of Pain*, v. 10, n. 1, p. 47-52, jan. 2009.

"A árvore sofre as dores da poda para poder crescer forte e saudável."

Paulo Fonseca

Silvania Fêrreira

Sou Silvania Fêrreira, natural de Salvador/BA, filha de Jonas (*in memoriam*) e de Selma, esposa de Vitor Santana e tenho quatro irmãos.

Atuo como fisioterapeuta neuropediátrica há nove anos; conheci a Medicina Germânica e me apaixonei por ela durante a graduação em Fisioterapia; eu me tornei terapeuta e hoje atuo também com Reintegração Somato Biológica. Essas duas abordagens mudaram minha vida, tendo me ajudado a compreender e superar duas doenças crônicas. A Medicina Germânica e a Reintegração Somato Biológica me dão a possibilidade de ajudar pessoas a identificarem qual a causa emocional por trás dos seus sintomas, entenderem o mecanismo e a razão para eles existirem segundo as Leis Biológicas e terem a possibilidade de autocura.

eusilvaniaferreira

+55 (71) 98155-5488

silvaniaterapias11@gmail.com

A HISTÓRIA POR TRÁS DOS SINTOMAS

25 O DIAGNÓSTICO NÃO PRECISA SER UMA SENTENÇA ETERNA

Por Silvania Fêrreira

Em 2018, minha vida mudou completamente. Eu estava com 26 anos e vivi um dos melhores e piores momentos da minha vida. Iniciei o ano realizando o sonho de trabalhar em um local que desejava desde a faculdade. Foi nesse ano também que meu corpo começou a apresentar sintomas que me levaram a achar que estava com algo muito grave. Em um momento, cheguei a pensar que seria câncer e não conseguia nem verbalizar essa palavra. Pensei que iria morrer.

Por volta de julho, ao evacuar, comecei a notar discretas quantidades de algo esbranquiçado em meio às fezes. Não dei muita importância; porém, isso foi aumentando gradativamente, ao ponto de sair grandes quantidades de muco. Além disso, também passei a notar a presença de sangue em meio às fezes. Eu nunca fui de ficar doente com frequência e, quando acontecia, sempre evitava medicações, dando preferência a chás ou tratamentos naturais. De forma empírica, sempre observava meu corpo e me perguntava o que tinha acontecido antes do sintoma aparecer. Automedicar-me ou recorrer logo a medicamentos nunca foi algo que fez sentido para mim.

O sangramento e o muco se tornaram diários e intensos. Nesse momento, eu já evacuava grandes quantidades de sangue todas as vezes que ia ao banheiro, e era sangue vivo. Foi desesperador! Comecei, então, a buscar ajuda, mas na época eu não tinha plano de saúde. Decidi fazer um para custear os exames que estavam sendo solicitados, porém existia o período de carência. Enquanto esperava o prazo terminar, os sintomas só pioravam. Concomitante a isso, decidi morar sozinha. Foi um passo gigantesco, pois passei a maior parte da minha vida em uma casa extremamente pequena, com meus três irmãos, minha mãe, minha avó, meu tio e minha sobrinha. Não havia meu local de privacidade e sossego. Era uma *kitnet* somente com sala, cozinha e banheiro para oito pessoas.

No dia do meu chá de casa nova, em novembro, eu ainda tinha sangramento, mas foi um dos dias mais felizes da minha vida. Finalmente fui morar sozinha. Nessa época, porém, eu estava no auge dos sintomas; era tanta dor, tanto sangue, tanto muco... Eu estava com anemia e desesperada. Chorava e me perguntava o que estava acontecendo comigo, angustiada por ter constantemente vontade de ir ao banheiro. Era constrangedor. A cada ida ao banheiro, eu via o sangue e só achava que iria morrer. Consegui fazer o exame somente em dezembro e veio o diagnóstico: retocolite ulcerativa moderada, Mayo 2. Eu nem sabia o que era isso e o que tinha causado. A médica me disse que uma das causas era o estresse, além de ser uma doença autoimune e crônica com a qual eu teria que viver para sempre.

Comecei a usar uma dose altíssima de medicação. Eram oito comprimidos de 500 mg e quatro supositórios de 250 mg de mesalazina diariamente. Eu, que quase nunca usava medicamentos, me sentia muito mal por usar uma dose tão alta. O que me tranquilizava era que o sangramento havia passado. Além dessa medicação, eu usava diariamente anticoncepcional, que havia sido prescrito por volta de 2016 para tratamento de ovário policístico, após episódios frequentes de irregularidade menstrual.

Veio a pandemia. Decidi parar com o anticoncepcional no final de 2020 por não suportar a ideia de usar hormônios após perceber efeitos colaterais em mim. Ainda em 2020, comecei a estudar sobre a Medicina Germânica; assistia lives sobre essa abordagem que conhecia desde a graduação em Fisioterapia, mas na qual eu ainda não havia me aprofundado. Comecei a compreender o impacto das emoções no surgimento dos sintomas e a vontade de saber mais só aumentava. Em 2021, passei mais de cinco meses menstruada. Recebi o diagnóstico da síndrome dos ovários policísticos. Agora eu tinha a síndrome, não somente os cistos nos ovários.

Toda vez que ia a uma consulta com a gastroenterologista, eu perguntava a ela quando poderia deixar de usar o medicamento e a resposta era sempre a mesma: "Podemos diminuir a dose se estiver tudo bem com os exames, mas deixar de usar o remédio, **nunca**!". Isso era como uma flechada em meu coração. Destruía-me por dentro, mas eu não tomava aquilo como verdade. O diagnóstico não podia me sentenciar a isso. Comecei a estudar, busquei ajuda com terapias integrativas e a Medicina Germânica. Cheguei a tentar parar com a medicação, mas, ao ver sangramento voltar, eu entrava em pânico. Mesmo tendo um conhecimento superficial sobre a Germânica e sabendo que o sangramento faz parte da fase de cura, não me sentia segura e apta a suportar passar por tudo de novo, então voltei com o medicamento.

Com o passar do tempo, e com o acompanhamento da gastroenterologista, fui diminuindo as medicações e me mantive sem sintomas. Mas era aquilo, sem sintomas porque estava medicada. Essa necessidade do uso do medicamento para me manter sem sangramentos me incomodava bastante. Em 2022, descobri um nódulo na glândula parótida e mais uma vez achei que era câncer e que iria morrer. Novamente me desesperei. Foi, então, que decidi fazer a formação em Medicina Germânica e Reintegração Somato Biológica, para finalmente compreender o que estava acontecendo com meu corpo. A partir disso, minha vida começou a mudar.

Fiz a cirurgia para retirada do nódulo no dia 17 de dezembro de 2022. Então, comecei o curso da Germânica. Pouco a pouco, fui compreendendo como surgem os sintomas. Aprendi que a retocolite ulcerativa está associada aos conflitos de raiva/contrariedade indigesta e ao conflito de identidade, enquanto a síndrome dos ovários policísticos tem relação com o conflito de perda relacional profunda; já o tumor na parótida está associado ao conflito de bocado (não ser capaz de eliminar o bocado), visto que foi do lado esquerdo.

Aqui preciso dizer que meu pai faleceu em 2015 e meu irmão mais novo, em 2014. Duas perdas no intervalo de um ano, e eu tive o primeiro diagnóstico de ovários policísticos em 2016. Busquei colegas do curso para trocarmos atendimentos, a fim de ter a oportunidade de viver em mim o que estava aprendendo e levar isso para a vida de outras pessoas.

Decidi mudar minha vida; iniciei minha busca por autoconhecimento. Decidi que iria retirar toda a medicação do tratamento da retocolite.

Planejei em qual momento faria isso. Mudei de emprego. Saí de uma clínica em que trabalhava havia quase seis anos e fui começar uma nova história em outros dois serviços. Fiz uma formação na área de Neuropediatria, que era um dos meus maiores sonhos.

Sabendo que tudo isso poderia mexer com o meu emocional, fui tirando pouco a pouco a medicação e me observando. No início de 2024, eu só estava utilizando um supositório por dia, sem comprimidos. Esse único supositório era mais um conforto emocional do que uma necessidade, pois o curso, com o qual eu havia sonhado tanto, era bastante denso e intenso, e eu não queria ter que lidar com meu abalo emocional ao ver sangue nas fezes durante minha formação. Terminei o curso no início de abril e concluí a formação em Medicina Germânica em dezembro de 2023, e em Reintegração em maio de 2024. Organizei minha vida; fui à consulta com a gastrologista, contei para ela que só estava usando um supositório e ela disse: "Você sabe que essa quantidade aí não está fazendo nada né?". Era tudo o que eu queria ouvir. Avisei a ela que a consulta era só para me certificar de que estava tudo bem, já que não estava tendo sintomas e que, após os exames, eu tiraria o último medicamento.

Fiz os exames: colonoscopia, endoscopia, ultrassons, exames de sangue. Tudo normal! A médica que realizou a colonoscopia disse: "Se você não tivesse me dito que tem retocolite, eu nem saberia". Era disso que eu precisava. Voltei na gastrologista, levando todos os exames, e já cheguei sorrindo. Quando ela os viu, eu só informei que iria suspender a medicação, e assim eu fiz. Estou livre dos medicamentos. Óbvio que a médica ficou apreensiva, pedindo que eu voltasse após três meses com novo exame, para se certificar de que eu seguiria sem sintomas.

Ao parar com o medicamento, como eu já esperava, voltei a ter sangramentos. No primeiro dia, eu tive uma crise de choro intensa. Era como voltar no tempo e reviver tudo novamente. Porém, dessa vez, eu tinha o conhecimento da Germânica e sabia que o sangramento fazia parte da fase de cura. Enquanto escrevo este capítulo, estou como paciente em acompanhamento com a Medicina Germânica e Reintegração Somato Biológica e o sangramento já diminuiu consideravelmente. Dessa vez, eu não tenho medo de morrer, porque entendo o que é o sintoma e por que ele se apresentou. Além disso, quando refiz os exames ginecológicos, os resultados estavam normais, sem medicação. Não há mais cistos nem outros achados que corroborem com o diagnóstico de síndrome dos ovários policísticos.

Eu contei toda essa história para dizer: você não é a sua doença! Você não é o seu sintoma! O diagnóstico que você teve não precisa sentenciá-lo a viver uma vida com dor, sofrimento e medicações. Há um caminho diferente a seguir; um caminho que faz você entender que nada em seu corpo quer destrui-lo. A Medicina Germânica é a sua luz no fim do túnel.

Por meio da Germânica, posso ajudar você a fazer esse caminho de olhar empático consigo mesmo, com autoconhecimento e aprendizado. Quero auxiliar você a entender o que o seu sintoma conta sobre as suas experiências e suas percepções de como elas impactaram sua vida; oportunizar que você identifique quais relações estão influenciando sua saúde e guiá-lo na resolução do conflito que fez surgir o sintoma. De acordo com os estudos de Dr. Hamer, pai da Medicina Germânica, só quando você resolve esse conflito, seu corpo pode se curar. É isso mesmo, seu corpo tem a capacidade de se autocurar.

Hoje, utilizo os conceitos de Dr. Hamer atrelados à Reintegração Somato Biológica, uma abordagem em que acessamos as memórias que nosso corpo guarda dos conflitos que levaram ao sintoma. Assim, guio meus pacientes a ouvirem as partes que ficaram congeladas no momento do trauma e reintegrá-las ao todo, devolvendo o senso de segurança e compreendendo a função que cada uma dessas partes teve em garantir a sua sobrevivência.

Esse é o caminho que tem me levado à autocura e que pode levar você também. Convido-o a construir o seu comigo e descobrir que o diagnóstico não é uma sentença eterna.

"Há um caminho diferente a seguir que lhe faz entender que nada em seu corpo quer lhe destruir. A Germânica é a sua luz no fim do túnel."

Silvania Fêrreira

Thaíse Miranda

Sou Thaíse Miranda, nascida em Patos de Minas/MG, mãe da minha amada filha Isadora.

Fisioterapeuta, atuei na estética por dez anos, alcançando sucesso profissional e financeiro. Em 2015, entrei para o universo terapêutico; fiz a formação em Microfisioterapia e ali conheci as Leis Biológicas. Estudei com Corbeel, Josie e Rafael; cada um, com seu jeito especial de ser e de ensinar, me fez ter outro olhar para o ser humano, um olhar de amor e de compreensão da história de cada um, inclusive a minha. Encontrei respostas e pude entender por que eu atraía situações que me causavam dores.

Descobri que minha missão de vida é desbloquear coisas na vida das pessoas para que elas vivam melhor. Eu amo o que eu faço e meu objetivo é criar um grupo para ajudar mulheres com dificuldades nas relações. Convido você a me seguir nas redes sociais para continuar me acompanhando nesse meu propósito.

thaisemiranda29

+55 (34) 99195-8989

thaisedavimiranda29@hotmail.com

26 A TÃO FALADA PROCRASTINAÇÃO PELO OLHAR DAS 5 LEIS BIOLÓGICAS

Por Thaíse Miranda

Você já parou para pensar que para o seu cérebro existe um perigo por traz daquilo que você procrastina? Aquilo que você procrastina tem uma explicação biológica. Você precisa olhar para o que você está procrastinando e pensar qual é o perigo por traz daquilo que quer fazer e não faz.

Afinal, o que é procrastinar? Procrastinar é o ato de adiar ou postergar a realização de alguma tarefa, de alguma decisão ou de atividades que precisam ser feitas. A procrastinação pode levar a um acúmulo de tarefas e a um aumento do estresse, afetando a produtividade e o bem-estar. Na maioria dos atendimentos que faço em meu consultório, essa é uma queixa presente. Para exemplificar esse assunto, vou falar um pouco da minha história.

Casar-me sempre foi um dos meus maiores sonhos; desde que eu tinha 15 anos, já fazia a lista de quem seriam meus padrinhos de casamento. Sonhava em me vestir de noiva, entrar na igreja com meu pai, ver meus familiares e amigos ali felizes por mim. Sonhava em ter minha casa, meus filhos, construir minha família e ter meu companheiro comigo em todas as situações que a vida colocasse em meu caminho. Esse é o sonho de toda mulher destra.

Aos 35 anos, comecei a namorar; com 36, nos casamos. No dia do casamento, eu tive medo de que ele não aparecesse na igreja. Com oito meses de casada, fiquei grávida e em 19 de setembro de 2017 a Isadora nasceu. A partir do momento em que segurei ela no colo, eu me transformei. Eu olhava para trás e já não conseguia mais saber quem era a Thaisinha sem a Isadora. Ser mãe era meu sonho; ela foi o maior e o melhor presente que Deus me deu. Mas a realidade do meu casamento não foi aquilo que eu sonhava.

Ficamos casados por três anos e foi uma relação bem desafiadora. Eu saí de casa com minha filha quando ela tinha um ano e cinco meses e fomos morar na casa dos meus pais. O meu sentimento pelo meu marido tinha acabado, mas imagine romper um casamento que, para mim, era um sacramento de Deus alimentado por tantos sonhos; foi algo que doeu muito, muito mesmo. Quando decidi sair de casa, eu só pensava em minha filha, de quem eu estava tirando a chance de ter um pai próximo e uma família. Essa era minha maior dor. Só que Deus é tão bom, que me rodeou de pessoas que me amam; meus pais me deram total apoio, assim como meus irmãos, familiares e amigos.

Nessa época, eu já tinha terminado minha primeira formação em Leis Biológicas e Terapia Informacional Integrativa com o Emmanuel Corbeel, e ele já vinha trabalhando comigo os sintomas que eu tinha durante o casamento. Um deles eram as minhas gengivas que sempre inchavam. Os dentes são uma forma de expressarmos nossos sentimentos, mas eu não podia me expressar. Na natureza, quando um animal quer persuadir, ele mostra os dentes. Depois que eu me separei, minha gengiva nunca mais inchou. É por isso que eu falo que a microfisioterapia e as Leis Biológicas foram fundamentais para minha superação.

Eu segui minha vida como tinha que ser e isso não me trouxe revoltas nem desespero; mantive minha rotina, sempre me esforcei para estar presente na vida de minha filha e buscava de forma saudável meu lazer. Em 2019, eu ainda fazia alguns atendimentos estéticos e trabalhava com a microfisioterapia associada às Leis Biológicas e à Terapia Informacional Integrativa; eu tinha minha agenda sempre cheia e uma vez por mês atendia em Carmo do Paranaíba/MG, Guimarânia/MG e São Gotardo/MG. Eu me dediquei ao trabalho e à minha filha.

Moramos com meus pais por oito meses até que meu apartamento ficasse pronto. Quando montei o apartamento onde moro hoje, eu não conseguia ter criatividade nem sonho para mobiliar a casa. Precisei contratar o trabalho de uma designer de interiores; eu estava congelada. Para meu cérebro, era perigoso idealizar uma casa; um dia, eu teria que deixá-la e ir embora.

Quando me casei, tínhamos nosso apartamento, todo planejado por nós e eu tinha tudo em mente de como queria minha casa. Eu era uma verdadeira dona de casa, mesmo trabalhando muito, sempre conseguindo deixar tudo em ordem. Eu tinha orgulho de ser a esposa e a mãe que eu era, mas eu percebia que para meu ex-marido aquilo nunca teve valor. Talvez ele valorizasse, mas a forma com que ele demonstrava não fazia sentido com o que sonhei para mim. Éramos duas pessoas completamente diferentes, criadas de formas diferentes, com sonhos e objetivos de vida diferentes. Chegou um ponto, para mim, em que era impossível continuar naquela relação.

Hoje, após estudar as Leis Biológicas, eu sei que ninguém passa em nossa vida por acaso; hoje, eu sei que eu atraí esse tipo de homem para minha vida, porque tem algo na história dele que vibra com a minha. Ele veio para que eu pudesse curar algo em minha história e vice-versa. Não é importante para minha evolução saber o que exatamente eu consegui curar com essa relação, mas sim aceitar que ele veio para que eu pudesse evoluir e aprender.

Parece simples dizer isso, mas eu sei que os registros que ficaram dessa época, em determinadas situações, me impediram de dar um passo além do que eu gostaria. Algo que percebo é que tive e tenho limitações nas relações. Em muitos momentos, eu escolhi ficar sozinha em casa com minha filha; ali era seguro para mim. Seja para sair para trabalhar, para fazer exercício físico, para reuniões pequenas, para bares, festas; não queria me relacionar com ninguém. Isso vem dos conflitos de separação que estavam presentes na minha história, que é tudo aquilo que envolve algum tipo de contato. A informação que meu cérebro guardava era que se relacionar é perigoso. O novo para o cérebro representa biologicamente um risco de sobrevivência. Nosso cérebro só reconhece aquilo que já viveu. E ele não sabe o que é bom ou ruim para nós. Ele só quer que a gente sobreviva. Então, quando você vive uma situação que o seu cérebro reconhece e que é semelhante a algo que já foi vivido antes, ele aciona um alerta de perigo. E isso lhe para, e você não faz aquilo que gostaria de fazer.

Chamamos de medos frontais aqueles perigos que surgem pela frente, aquilo que cai sobre você. São os medos do perigo dos quais temos consciência. É tudo aquilo que o cérebro conhece. O medo é uma forma de o corpo se preparar para algo que pode ser uma ameaça ou perigo. Quando o cérebro é confrontado por uma situação assim, ele envia sinais para o corpo a fim de aumentar as chances de sobrevivência. Ainda não aconteceu, mas eu tenho medo antecipativo que aquilo aconteça, perante algo que eu já vivi; são os medos antecipativos que ativam as zonas frontais do cérebro. O organismo se mobiliza para enfrentar qualquer coisa que esteja por vir, mas o medo é virtual e traz sentimentos de intranquilidade.

E são esses medos frontais que nos fazem procrastinar. Se você sabe que precisa fazer algo, vá lá e faça, não deixe para depois. Só conseguimos vencer nossos medos se os enfrentarmos. Se você enfrenta seu medo e faz aquilo que quer fazer, que antes não fazia, você mostra ao seu cérebro novas possibilidades de ver a vida, amplia a percepção, mostrando a ele com ações que não há perigo, que você pode ir mais longe.

Quando meu atual apartamento ficou pronto, eu e minha filha nos mudamos. Coloquei tudo no lugar, mas nunca sentia que os armários estavam organizados; eu tinha a sensação de que minhas coisas não cabiam lá. Eu demorei muito para sentir que minha casa fosse meu lar.

O sonho de ter minha casa e minha família tinha sido destruído, e parece que perdi o prazer em ter e manter minha casa sempre organizada como antes. Com isso, o sentimento de desvalorização que existia em mim me mantinha no medo de que, se eu tiver minha casa organizada, eu poderia perdê-la. Ficou registrado que isso não tem valor. Perder minha casa também é um conflito de separação.

Após cinco anos de separação, eu consegui organizar umas caixas que eu havia trazido da minha antiga casa com fotos do casamento e cartões de felicitações pelo matrimônio. Do jeito que eu as trouxe da outra casa, eu as coloquei no armário e não mexi mais. Por que eu estava procrastinando organizar essas caixas? Para o meu cérebro, existia um perigo; ali, eu estaria em contato novamente com memórias de um passado que não me traz boas lembranças. Quando eu pensava em mexer nessas caixas, ficava com sono, preguiça, cansaço; são mecanismos que o cérebro encontra para minha sobrevivência. Mas, um dia, eu encarei a situação de frente e joguei muita coisa fora, organizei tudo e depois desse dia eu passei a me sentir melhor dentro da minha casa.

Ainda tenho muita coisa para contar, mas finalizo aqui esta história, feliz pelas minhas conquistas, e continuo buscando curas; no momento atual, estou vivendo um outro capítulo desafiador, que será contado em uma próxima oportunidade, porque eu ainda estou evoluindo e aprendendo. Voltarei para contar em outro livro o que estou vivendo agora e o sucesso que alcancei. São as dores que vivemos que nos tornam grandes e é por isso que temos que aprender com elas. Eu não vou viver minha vida triste pelas coisas difíceis pelas quais já passei. Eu vim para ser feliz e para alcançar tudo aquilo que eu quero. Se tem uma coisa que eu acredito é que alcançarei o sucesso que almejo. Estou trilhando um lindo caminho, com grandes desafios, e cada pequena conquista me emociona, porque eu sei que estou vivendo minha missão. "Não estamos aqui para sofrer e, sim, para fazer experiências". Essa frase é da Josie Kromer (2024), minha grande inspiração.

As Leis Biológicas transformaram a minha vida. Eu não sei como agradecer a Deus por ter chegado até aqui, de ter recebido em minha vida um conhecimento tão rico como esse. Agradeço meus pais, João Luiz e Sueli, por acreditarem em mim. Atualmente, no meu consultório, em Patos de Minas/MG, atuo usando as Leis Biológicas, terapia informacional integrativa, terapia multidimensional, grade de lealdade familiar, terapia manual evolutiva e a microfisioterapia. Estou idealizando um projeto para trabalhar em grupo com mulheres que vivem dificuldades nas relações.

Se a minha história vai ao encontro da sua, me siga nas redes sociais e venha comigo viver essa transformação. Foi um divisor de águas na minha vida e pode ser na sua também.

Referência bibliográfica

KROMER, J. Curso "Imersão", 2024.

"Se você sabe que precisa fazer algo, vá lá e faça, não deixe para depois. Só conseguimos vencer nossos medos se os enfrentarmos."

Thaíse Miranda

Viviane Amaral

Sou Viviane Amaral, fisioterapeuta há vinte anos, especialista em osteopatia há quinze anos, com formação nas 5 Leis Biológicas, apaixonada pelo estudo do psiquismo humano e suas complexidades. Acredito na integração entre corpo, mente e espírito, compreendendo o indivíduo na sua totalidade. Como sócia-proprietária da Innova Saúde e Performance, realizo o propósito de ajudar pessoas a encontrarem o equilíbrio do corpo com consciência. Moro no Rio de Janeiro, na Barra da Tijuca, com meu marido, Márcio Puglia, meu amor e companheiro há 17 anos, e nossas filhas, Giovana e Alice, meus maiores tesouros. Meus pais são Nelson e Jandineuza, a quem sou grata pela vida, pelos valores que me guiaram e pelo presente de ter um irmão, Felipe.

Neste capítulo, compartilho meu despertar para o autoconhecimento e experiências que moldaram minha trajetória pessoal e profissional.

vivianeamaralosteopata
innovasaude
+55 (21) 96976-1825
vivianeamaral@hotmail.com
+55 (21) 3474-4816

27 DOS SINTOMAS AO AUTOCONHECIMENTO: UMA NOVA VERSÃO DE MIM

Por Viviane Amaral

Hoje, aos 41 anos, posso dizer que estou no processo de transformação do meu ser. Sintomas físicos me convidaram a revisitar a minha história, compreender reações diante dos desafios e ajustar as minhas percepções, me permitindo agir de modo mais consciente e alinhada comigo mesma.

Por anos, vivi no automatismo, guiada pela mulher maravilha que habitava em mim. Com uma grande armadura, eu me sentia protegida, mas afastada das minhas emoções e do meu sentir. Vivia "anestesiada", quase sem perceber a vida, funcionando no automático. Com força e coragem, eu cuidava de todos, menos de mim. Estava sempre pronta para salvar o mundo e me sacrificar, em alerta constante, com o meu corpo preparado para a luta ou para a fuga, sempre forte, enfrentando os desafios. Com o automatismo da mulher maravilha, minhas percepções e reações aconteciam a partir disso. Ignorei as minhas necessidades e os sinais do meu corpo. Deixei a minha vulnerabilidade de lado, acreditando que era forte demais para precisar de ajuda, amor ou carinho.

Em janeiro de 2019, o meu corpo trouxe, por meio de sintomas físicos, mensagens importantes. Esse foi o momento de grandes oportunidades: me escutar, ter novas percepções, melhorar as minhas reações e iniciar um processo de transformação profunda do meu ser. No início, foi muito desafiador olhar para todas as causas daqueles sintomas. Precisei acessar o meu verdadeiro sentir, abrir mão do controle da razão para dar espaço às emoções e, sobretudo, aceitar a minha vulnerabilidade, algo que, até então, eu não me permitia fazer. Dessa forma, restabeleci a coerência necessária para o corpo, a mente e o espírito. Consequentemente, assumi o compromisso e a responsabilidade pela minha vida, o que ninguém poderia fazer por mim.

Depois da segunda gestação, eu já não me sentia mais satisfeita com o meu corpo, especificamente com as minhas mamas. Estava com baixa autoestima e decidi fazer uma cirurgia para melhorá-las esteticamente. Apesar de muitos medos, realizei o procedimento. Não foi um percurso simples, pois precisei reagendar duas vezes a data do procedimento devido aos sintomas que o meu corpo manifestou frente ao pânico e às minhas inseguranças. Tive medo da cirurgia, da cicatrização, de faltar para as minhas filhas caso eu morresse ou houvesse intercorrências. Eram muitos medos e preocupações. Eu seria uma boa mãe se me priorizasse? Tive muitos pensamentos recorrentes antes e depois da cirurgia e, por muitos momentos, duvidei do meu valor como mãe.

Após a cirurgia, alguns dos meus medos se tornaram realidade. Nas primeiras horas do pós-operatório, tive uma necrose tecidual, seguida de algumas complicações: deiscência, processo inflamatório, exposição da prótese e proliferação de bactérias. Busquei todos os recursos que a medicina tradicional poderia oferecer. Realizei quarenta sessões de câmara hiperbárica, segui o acompanhamento médico, utilizei os medicamentos prescritos e contei com o cuidado especializado de uma enfermeira em estomaterapia. Porém, nada parecia suficiente para alcançar a melhora que eu tanto esperava.

Meu corpo deu sinais por quatro longos meses até eu decidir entender a causa dos meus sintomas.

Após as complicações, precisei passar por mais duas cirurgias, totalizando três. Ao me recuperar da segunda, ainda em 2019, comecei a refletir sobre o motivo pelo qual meu corpo manifestava todos aqueles sintomas. Foi nesse momento que iniciei o meu processo terapêutico com Milton Menezes, simultaneamente aos meus estudos sobre as descobertas de Dr. Ryke Geerd Hamer, as 5 Leis Biológicas, que são cinco leis naturais que atuam no corpo, conhecendo-as ou não.

As 5 Leis Biológicas ajudam a identificar e compreender a causa dos sintomas físicos. Segundo Dr. Hamer, os sinais e sintomas são processos adaptativos do corpo para a nossa sobrevivência e têm um sentido biológico. É um recurso que o corpo utiliza frente às situações desafiadoras, que são inesperadas, dramáticas e vividas em solidão, para que seja possível passar pelo problema e sobreviver a ele. A maneira como a situação é percebida e sentida define o tecido ou órgão que apresentará os sinais e os sintomas. A partir do problema, que surge repentinamente, gera-se uma preocupação, fazendo com que seja difícil de ser superado e, com o sentimento de incompreensão, ocorre um impacto na psique, no cérebro e nos órgãos simultaneamente, ocasionando sintomas.

Estudei profundamente as 5 Leis Biológicas e, também, a Constelação Sistêmica Transpessoal, a Constelação Sistêmica Familiar, a Terapia Regressiva e as Partes Internas, entre outros métodos de abordagens terapêuticas, os quais me permitiram compreender melhor o psiquismo humano e as respectivas complexidades.

Precisei de tempo para acessar as histórias por trás de cada um dos meus sintomas. Também foi essencial me sentir segura, cuidada e acompanhada. Com os estudos e a terapia, pude ter de volta a esperança, a confiança e a tranquilidade de que o meu corpo se restabeleceria. Foi necessário olhar para os meus medos, meus vazios, minha dor, estar presente para mim mesma, para que o meu processo de cura acontecesse plenamente. Para isso, precisei "tirar a minha armadura", porque, enquanto estamos em um estado de alerta constante, atentos aos perigos, em estados de luta e fuga excessivos, prontos para as "batalhas da vida", não damos espaço para o corpo encontrar o equilíbrio, a cura e a saúde.

Meu corpo, por meio dos sintomas físicos, clamava por mudanças na minha percepção, no meu sentir e nas minhas reações automáticas. Com coragem, encarei e acessei as coisas que me fizeram adoecer, revisitei os piores momentos vividos, os meus maiores desafios, os meus medos, situações que haviam me ajudado a construir a armadura que me protegia ou me dava a falsa sensação de segurança. Mas compreendi, também, que a força da mulher maravilha foi importante para que eu superasse o que vivi, moldando quem eu sou hoje.

A complexidade desse processo foi ratificada com a consciência de que dúvidas, preocupações, questionamentos, pensamentos recorrentes relacionados à cirurgia, na verdade, me levavam para um outro lugar, um outro cenário da minha vida, uma outra história: a morte do meu pai.

A perda repentina do meu pai aconteceu quando eu tinha 20 anos, sendo percebida por mim como uma separação abrupta e dolorosa, me fazendo sentir desprotegida. Foi nesse momento que a mulher maravilha emergiu com toda a sua força, me permitindo continuar, lutar e sobreviver. Por muitos anos, eu apenas sobrevivi. Não sabia mais o que significava viver plenamente e estava presa ao automatismo. Nesse estado, as ações são realizadas com um baixo nível de consciência; não sabia mais o que me animava, entusiasmava e me perdia dentro de mim. Inconscientemente, não acessava minhas emoções, porque sentir era doloroso. E, desde então, ser forte era a minha melhor versão. Entretanto, após alguns anos, o meu corpo pediu socorro; ele já não aguentava mais a sobrecarga, a prepotência de achar que eu podia enfrentar tudo e que tudo dependia de mim. Surgiu um cuidado excessivo, principalmente com as minhas filhas, movido por um medo inconsciente de que algo acontecesse a elas, de que elas vivessem o que eu vivi ou que eu revivesse uma perda tão marcante como a do meu pai.

Com a terapia e os estudos, consegui identificar o que estava acontecendo no meu corpo. No processo terapêutico, aprendi a me aceitar, praticar o autoamor, o autocuidado, a auto-observação; assumi o compromisso e a responsabilidade comigo mesma e isso me permitiu estar inteira para ajudar aqueles que me procuram. Acreditei em mim, confiei na sabedoria do meu corpo; afinal, o corpo nunca mente. Com o despertar da minha consciência sobre a minha história e ao perceber os impactos dela no meu psiquismo e no meu corpo, pude compreender melhor os meus sintomas e os dos meus clientes. Aprendi, na prática, que os sintomas são mensagens sinalizando que algo precisa ser mudado, uma verdadeira oportunidade para uma transformação do ser. Hoje, sinto a minha vida e o sentido dela. A minha consciência se expandiu com o movimento na busca para identificar e entender as causas dos sintomas físicos.

A partir da minha transformação interna, o traço de mulher maravilha se transformou em uma maravilha de mulher, que hoje, com mais clareza, segurança, consciência e tranquilidade, me faz utilizar todos os recursos com harmonia e ao meu favor. A força e a coragem continuam dentro de mim, mas agora em um lugar de equilíbrio. Eu me conecto comigo diariamente, sinto as minhas emoções, respeito os meus limites e me acolho. Aprendi a dizer não quando necessário e abandonei a necessidade de carregar o peso do mundo nas costas. Já não quero salvá-lo, mas, sim, inspirá-lo. Hoje, escolho ajudar as pessoas a olharem para as próprias armaduras que as desconectam da vida, das emoções e que as sobrecarregam física e emocionalmente. Escolho viver plenamente, em conexão com quem eu sou, em harmonia com o meu corpo, a minha mente e o meu espírito.

A minha busca pessoal me ajudou a entender a saúde a partir da totalidade do ser, da coerência no alinhamento entre o que sentimos, o que pensamos e como nos comportamos, do equilíbrio entre corpo, mente e espírito.

Proponho a você sair do automatismo e praticar a presença ativa, trazer a mente para o agora e se conectar com o seu sentir, percebendo, no corpo, as sensações que surgem, como as dores, os confortos, os cinco sentidos e as batidas do seu coração. Sinta a sua respiração e permita se abrir para as emoções. Sinta o seu corpo em movimento para a vida, siga ao encontro do autoconhecimento e encontre a sua nova versão.

Referências bibliográficas

5LB BRASIL. *5LB Brasil: formação continuada*, [s.d.]. Página inicial. Disponível em: https://www.5leisbiologicas.com.br/. Acesso em: 27 nov. 2024.

ESPINOSA DEL VALLE, L. F. *Guía psique - cerebro - órgano*: basado en las 5 leyes biológicas. México: [s.n.], 2022.

MENEZES, M. *Constelações muito além das familiares*: introdução à Constelação Sistêmica Transpessoal. Rio de Janeiro: Editora Dialética, 2021.

"A cura está dentro de você, no que precisa ser transformado internamente."

Viviane Amaral

Crédito: revista *Tendências*.

Viviane Silva

Eu sou a Viviane Silva, segunda filha da Angela e do Antônio Carlos. Em união estável com o Eduardo, meu companheiro de vida.

Nasci no Dia da Terra e do Descobrimento do Brasil, numa sexta-feira, ao meio-dia, sob a regência da chama Rubi Dourado, que tem como mestres Jesus e Maria Madalena. O amor incondicional que guia a ordem dessa chama de nascimento, a vida está me ensinando a ser e ter comigo mesma primeiro.

Sou formada em Jornalismo, com atuação em diversas áreas da comunicação. Hoje, como terapeuta integrativa, trilhei esse caminho em busca da minha própria cura física e emocional. Unindo meus saberes, eu me especializei nas terapias para ser cada dia mais um instrumento e canal de cuidado e transformação para todos os que buscam um novo caminho para o corpo e as emoções.

vivianesilvaintegrativa

+55 (24) 99845-6906

28 O CÂNCER COMO OPORTUNIDADE DE CURA

Por Viviane Silva

Eu tinha chegado do Espírito Santo havia alguns meses e estava com meus exames de rotina "atrasados". O meu último exame de mamografia tinha sido realizado em janeiro de 2016 e estávamos em meados de outubro do mesmo ano. Desde 2013, quando descobri que tinha um nódulo no seio esquerdo, biopsiado e diagnosticado como benigno, eu fazia mamografia e ressonância das mamas de seis em seis meses, até então.

Nos anos anteriores, eu mudava muito de cidade e estado. Meu marido trabalhava viajando e eu o acompanhava; viajávamos juntos e a cada momento estabelecíamos residência em um local. Costumava dizer que tínhamos o projeto "mochila nas costas". Eu sempre quis viajar e conhecer o mundo. A minha percepção de ninho era desafiadora e eu sempre estive em busca de encontrar o meu lugar. Fui filha, neta, irmã, estudante, amiga, namorada, universitária, *miss* da minha cidade e jornalista. Adoeci gravemente muito cedo, recém-formada, cheia de sonhos e com um futuro pela frente.

Desde a minha primeira menstruação, entendi que ser mulher não seria fácil; essa era a minha programação. Sentia dores terríveis, cólicas intermináveis. Havia dias em que as minhas pernas doíam tanto, que eu preferia ficar deitada no chão para não precisar me movimentar. Com as primeiras menstruações e ao longo de bons anos seguintes, o meu ciclo menstrual era de aproximadamente sete dias e sempre com fluxo intenso. Continuo menstruando bastante e sem maiores intercorrências. Comecei a namorar muito cedo para a minha geração e isso impactou profundamente a minha vida e as minhas relações, principalmente a minha saúde. Segui desenvolvendo questões ligadas ao feminino; além de cólicas e ovários policísticos, tive quase todas as patologias relacionadas ao sistema reprodutor. As crenças, o pudor em relação à sexualidade e o conteúdo que eu já trazia me fizeram adoecer na primeira relação sexual. As relações sempre impactaram profundamente a minha saúde física e emocional e é o meu grande desafio nessa existência. As relações impactam a saúde da mulher.

Eu me deparava, a partir desse momento, com uma realidade completamente diferente do que eu e meus pais haviam idealizado para mim e para a minha vida. O peso da responsabilidade sob o qual eu sempre me coloquei veio muito cedo, pois esperavam muito de mim. A criança perfeita, a primeira neta dos meus avós maternos, a aluna número um, a mais inteligente, o exemplo, a mais bonita, que dava conta de tudo, que sempre fazia tudo certo e no tempo certo. Até a religião veio muito cedo para mim; eu estava carregada dos estigmas e dogmas religiosos que talvez eu mesma tenha me colocado.

Sou uma taurina e o Sol ascendia em câncer no céu no dia do meu nascimento. Essa composição de energias na minha chegada ao plano físico já me dizia que eu vim com uma missão de reescrever a história das mulheres do meu clã, dando luz a quem eu sou e que vão contornar as minhas experiências e trazer beleza aos meus desafios. O meu ascendente em câncer fala sobre nutrição, sobre as mamas, as raízes, as histórias, o nascimento, a maternidade, a família, o acolhimento, a orfandade, as relações e as emoções. "Só aquilo que somos realmente tem o poder de curar-nos" (JUNG, 2015, p. 258).

A relação com a mãe é a mais profunda conexão que vamos experimentar na vida. Todas as suas nuances de acolhimento, nutrição, aconchego e até as dificuldades que temos com a nossa mãe, de relacionamento, vínculo e lugar, nos fazem ser quem nós somos.

O elefante é o maior mamífero terrestre do mundo e um dos animais mais fortes, marcantes e fascinantes da Terra, que carrega uma sabedoria ancestral através do tempo. Durante a travessia, esses animais conseguem suportar o peso de nove mil quilos nas costas. Com sua força, poder, estabilidade e persistência, são capazes de superar grandes obstáculos, principalmente pela sua amorosidade. Têm boa memória, recordam de rotas de migração e de outros indivíduos que não veem há anos, e criam laços de união. Elefantes vivem em uma sociedade matriarcal. "Os elefantes são animais muito sociais. Eles precisam de socialização para a saúde e bem-estar, é imprescindível para eles", afirma Daniel Moura, diretor do Santuário dos Elefantes do Brasil (SEB) (*National Geographic*, 2022). Esse comportamento se assemelha bastante às relações humanas. Nós e os elefantes temos muito em comum.

Somos mamíferos e a nossa necessidade de pertencimento, contato e nutrição, de viver em comunidade e nos relacionar é questão de sobrevivência para nós, humanos. Também trazemos no nosso DNA informações da nossa ancestralidade, memórias no corpo de todos esses registros, e a dor na alma que sentimos muitas vezes é o elo com o passado. Só podemos ser felizes hoje de forma saudável e realizada, se olharmos para trás e enxergarmos as conexões da nossa história com o que estamos vivendo no presente. O Elefante é o meu animal de poder.

Conheci as Leis Biológicas em 2017, durante o tratamento do câncer ductal bilateral *in situ* que tinha desenvolvido. Havia feito uma cirurgia de mais de oito horas, na qual as minhas duas mamas foram retiradas e reconstruídas. Depois, veio a indicação da radioterapia e, durante o tratamento, desenvolvi uma radiodermite de grau 3, em que meus seios recém-reconstruídos sangravam. Foi a melhor escolha que consegui fazer naquele momento e com o conhecimento que tinha. A alma ainda precisava de tempo. O câncer era o fechamento de uma história que começou muito antes do diagnóstico.

Eu já estava no caminho do autoconhecimento fazia algum tempo. A minha busca para entender o que tinha acontecido comigo e com a minha vida e por que eu vivia tudo que estava vivendo, além da fé em algo maior que sempre me moveu, me fez encontrar as terapias energéticas, como a Constelação Familiar, o reiki, o xamanismo e outras técnicas, enfim chegando à Leitura Biológica. Segundo o médico alemão Dr. Ryke Geerd Hamer, criador da técnica das Leis Biológicas, sempre há um conflito e uma história, vivenciados em solidão, medo e impotência, por trás das doenças e dos sintomas que estamos expressando. Somos impactados na nossa biologia por tudo que vivenciamos, e cada programa especial da natureza, que conhecemos como doenças, está nos mostrando como a percepção que tivemos daquilo que nos aconteceu nos impactou.

Por exemplo: eu manifestei o câncer ductal nas duas mamas. As Leis Biológicas explicam que, dependendo do que vivemos e a temática do acontecimento, uma das mamas é mais impactada que a outra. Se tem relação com o ninho, mãe e filhos, ou com parceiros. Destras e canhotas, lateralidade de base hormonal, vão ser diferentemente impactadas de cada lado das mamas. No meu caso, sou uma destra.

Segundo a Sociedade Brasileira de Mastologia, há dois tipos de câncer de mama mais comuns nas mulheres – homens também podem manifestar, mas são poucos os casos. O câncer de glândula mamária ou lobular afeta de 10% a 12% das mulheres, enquanto o câncer dos ductos mamários – que servem para armazenar o leito materno, o principal alimento do bebê – representa 85% dos casos diagnosticados no Brasil.

Os tecidos impactados no câncer de mama são a mesoderme e a ectoderme e o conflito por trás desses tecidos são: o meu ninho está em perigo, desprotegido e me sinto impotente em protegê-lo; posso perder o meu ninho, o meu parceiro; arrancaram meu filho do meu peito. Essa temática fala sobre as perdas – quaisquer sentimentos de perda que envolvam o ninho, parceiros, filhos, animal de estimação, mãe, pai etc.

Na fase ativa dos conflitos de câncer lobular, formam-se massas (tumores), ou seja, a pessoa está vivenciando o estresse e precisa criar mais condições para proteger. No câncer ductal, as massas são formadas quando a pessoa deixa de passar pelo perigo; é a reparação do conflito vivenciado. Os seios nutrem e alimentam. A base é sempre a hiperproteção. As mulheres que desenvolvem câncer são aquelas que se doam demais, cuidadoras de todo mundo, menos de si mesma. A intensidade no corpo é muito grande.

O feminino tem essa função de nutrir, alimentar, acolher, trazer para os braços, proteger os filhos, os afetos. A mulher nutre os relacionamentos, as relações, a família, a casa. É a energia natural do feminino.

Eu precisei mergulhar nas histórias das mulheres da minha família, do meu clã paterno e materno. Somos seres biológicos, macho e fêmea como na natureza. A mulher destra espera que o homem lhe dê o lugar, a segurança, proteja o território para que ela se sinta segura no ninho e consiga cuidar dos filhotes. Eu me senti nutrida pela minha mãe? Protegida pelo meu pai? Na maioria das vezes, até termos essa consciência, a percepção que trazemos da nossa história influencia totalmente a relação que temos hoje. A relação que nossos pais tiveram e a que nós tivemos com eles ditam as nossas relações atuais.

Saber disso tudo me permite olhar para mim com mais compaixão e para a minha história com uma lente diferente, encaixar as peças e entender todos os desafios de saúde que enfrentei desde cedo. Busquei ajuda nas Leis Biológicas, fui paciente, me tratei, fui meu próprio laboratório, me transformei e continuo nesse caminho de me tornar mais humana sendo quem eu sou e descobrindo todas as respostas que sempre procurei na minha própria história; o meu corpo é o meu mapa do tesouro. Hoje, sou terapeuta integrativa e as Leis Biológicas são o meu carro-chefe. A mensagem que levo sobre o câncer é que esse diagnóstico não é uma sentença de morte e, sim, uma oportunidade de cura. Tirar os estigmas da doença e o medo dela é mais da metade do caminho de tratamento do paciente.

O meu convite para você, leitor, é que você encontre lugar na sua vida para você mesmo. Não coloque ninguém antes de você, isso adoece. Cuide da casa onde seu espírito habita nessa existência. O corpo é o veículo para estarmos encarnados na Terra.

Conte comigo nessa jornada; eu conheço o caminho e posso ajudá-lo a atravessar para o outro lado de você mesmo.

Referências bibliográficas

DIA Mundial dos Elefantes: 6 fatos sobre os maiores mamíferos terrestres. *National Geographic*, publicado em 12 de agosto de 2022. Disponível em: https://www.nationalgeographicbrasil.com/animais/2022/08/dia-mundial-dos-elefantes-6-fatos-sobre-os-maiores-mamiferos-terrestres. Acesso em: 16 dez. 2024.

JUNG, C. G. *O eu e o incosciente.* Coleção Obras Completas De Carl Gustav Jung, vol. 7/2. São Paulo: Editora Vozes, 2015.

"O sintoma é sempre uma oportunidade para olharmos para a nossa história e colocarmos a dor no lugar certo."

Viviane Silva

EDITORA
CHAVE MESTRA®

Instagram: @editorachavemestra

E-mail: editora@editorachavemestra.com.br

Site: www.editorachavemestra.com.br